Leseschule 3

Lese-Sprach-Buch · Ausgabe E

neu bearbeitet von
Marianne Franz, Helmtrud Keck, Sabine Köpp,
Lutz Laufer, Andrea Torggler, Regina Winkler-Menzel

auf Grundlage der Ausgabe D

illustriert von
Ulrike Baier
sowie Hendrik Kranenberg, Gerda Raidt
und Sandra Reckers

Jonathan Gotthardt
P3 DE

Oldenbourg

★ Zusatzaufgabe

Trainingsaufgabe mit Wörtern aus der Wörterliste

→AB S. 7 Leseschule 3, Arbeitsblätter Lesen und Sprache

Leseschule 3

Lese-Sprach-Buch · Ausgabe E

neu bearbeitet von Marianne Franz, Helmtrud Keck, Sabine Köpp, Lutz Laufer, Andrea Torggler, Regina Winkler-Menzel

auf Grundlage der Ausgabe D von Christine Burs, Heike Derwensky, Helmtrud Keck, Sabine Köpp, Lutz Laufer, Ursula Ledermann, Regine Winkler

Zu diesem Lese-Sprach-Buch gehören:

Leseschule 3, Arbeitsblätter Lesen und Sprache
112 Seiten, vierfarbig, DIN A4, Loseblattsammlung

Leseschule Arbeitsordner
mit farbigen Registerblättern, ohne Inhalt, DIN A4

Das Papier ist aus chlorfrei gebleichtem Zellstoff hergestellt, ist säurefrei und recyclingfähig.

1. Auflage 2012
Druck 16 15 14 13 12
Die letzte Zahl bezeichnet das Jahr des Drucks.
Alle Drucke dieser Auflage sind untereinander unverändert und im Unterricht nebeneinander verwendbar.

Umschlagkonzept: Mendell & Oberer, München
Umschlaggestaltung: Erasmi + Stein, München
Umschlagillustrationen: Daniela Kulot, Augsburg
Lektorat: Salomé Dick, Berlin
Bildredaktion: Susanne Reinhardt
Herstellung: Almut Jegodtka
Layout und Satz: Erasmi + Stein, München
Reproduktion: Repro Ludwig, Zell am See
Druck und Bindung: Firmengruppe APPL, Wemding

ISBN 978-3-637-01233-2

Inhaltsverzeichnis

Fit und gesund

Wie die Zeit vergeht

Bücher und andere Medien

Arbeit und Beruf

Fantasie und Märchen

Netzwerk Natur

Die Jahresuhr

Werkstatt

Lesen lernen

Lettern sehen.
Laute hören.
Den Lettern Stimme geben.

Silben stottern.
Wörter stammeln.
Sätze bauen.

Abschnitte hinter sich lassen.
Seiten überfliegen.
Bücher verschlingen.

Überlesenes nachlesen.
Nachgelesenes überdenken.
Überdachtem zustimmen
oder widersprechen.

Hans Manz

Ich will nicht mehr, ich kann nicht mehr

Ich will nicht mehr, ich kann nicht mehr,
ich habe keine Lust.
Ich mach nicht mit, es ist zu schwer,
wenn du mir sagst: „Du musst!“
Ich muss gar nichts, wenn ich nicht will,
ich lass es einfach sein.
Ich bin mal laut, ich bin mal still,
ich bin mal groß, mal klein.

Erwin Grosche

1. Lerne das Gedicht auswendig.
   - Lies es dir mehrmals leise Zeile für Zeile durch.
   - Lies es anderen laut vor.
   - Teile dir das Gedicht in zwei Abschnitte ein.
   - Wenn du einen Abschnitt gut kannst, lerne gleich den nächsten und sprich das Gedicht wieder von vorne.
2. Sprich das Gedicht vor dem Spiegel.
   Beobachte, wie sich dein Gesicht beim Sprechen verändert.
3. Wie bist du? Schreibe auf.
   Ich bin mal mutig, ich bin mal …

Die Wörter laut, still, mutig, … sind Adjektive (Wiewörter).
Mit ihnen kannst du beschreiben, wie jemand ist,
oder Menschen und Dinge vergleichen.

Mein Bruder Paul und ich

Mein Bruder Paul sieht aus wie ich
und ich seh aus wie er.
Selbst Mama stutzt gelegentlich
und fragt sich: „Wer ist wer?“

Kommt Papa schon mal früher heim,
sieht uns beim Spielen zu,
versucht er es mit einem Reim,
der endet: „Wer bist du?“

Na klar, wir sind ein Zwillingspaar,
mein Bruder Paul und ich.
Wir gleichen uns von Fuß bis Haar,
doch das ist äußerlich.

Klaus H. Sindern

1. Wie könnten die Brüder aussehen?
   Schreibe Adjektive auf.

2. Die Brüder sehen gleich aus, aber in ihren Eigenschaften unterscheiden sie sich. Suche Gegensatzpaare und schreibe sie auf.
   schnell – langsam, dumm – schlau, …

★ 3. Setze passende Adjektive ein und schreibe die Sätze auf.

   tiefschwarz | altmodisch | dunkelgrau | hellgrün

   Das Gras ist ___. Die Nacht ist ___.
   Das Kleid ist ___. Das Katzenfell ist ___.

Mut und Angst ...

Vor Schreck fiel sie fast vom Stuhl.

Anna hatte in der ersten Nacht
in der Jugendherberge Heimweh.

Auf dem Turm nahm Paul seinen ganzen Mut zusammen.

In der Achterbahn wurde meine Angst immer größer.

Nach dem Streit haben sie Frieden geschlossen
und waren wieder Freunde.

1. Schreibe die Nomen (Namenwörter) auf.
   Nomen können auch Gefühlen Namen geben.
   Einige dieser Nomen gibt es nicht in der Mehrzahl.

Lebewesen und Dinge	Gefühle und Gedanken
der Stuhl – die Stühle	der Schreck der Mut

2. Suche in der Wörterliste weitere Nomen für Gefühle und Gedanken.
   Prüfe, ob du immer die Mehrzahl bilden kannst.

> Die Wörter Wut, Ärger, Freude, ... sind Nomen (Namenwörter). Sie drücken Gefühle und Gedanken aus. Nomen werden großgeschrieben. Manche gibt es nur in der Einzahl.

3. Suche dir ein Gefühl aus.
   Schreibe dazu eine Geschichte oder ein Gedicht.

... mutig und ängstlich

1. Bildet aus den Nomen Adjektive.

Angst Durst Vorsicht Schreck

Mut Schmutz Kraft Gefahr

2. Schreibe mit jedem Adjektiv einen Satz auf.
Achte darauf, dass Adjektive kleingeschrieben werden.
In der Nacht bin ich ängstlich.

3. Schreibe die Adjektive auf.
Suche weitere Adjektive in der Wörterliste und ergänze die Tabelle.

-ig	-lich
mutig	ängstlich
...	...

Prüfe, ob du die Adjektive richtig geschrieben hast, indem du sie verlängerst.
mutig – mutiger

Ameisen krabbeln

Ameisen krabbeln auf Ameisenhaufen,
Ameisen krabbeln, wo Hasen laufen,

Ameisen krabbeln am Straßenrand,
Ameisen krabbeln an jeder Wand,

Ameisen krabbeln in Mauerritzen,
Ameisen krabbeln auf Kirchturmspitzen,

Ameisen krabbeln in Blumenschalen,
Ameisen krabbeln in Socken, Sandalen,

Ameisen krabbeln in Honigtöpfe,
Ameisen krabbeln in Pfeifenköpfe,

Ameisen krabbeln auf Brillengläser,
Ameisen krabbeln auf Zittergräser,

Ameisen krabbeln auf Eisenbahnschwellen,
Ameisen krabbeln auf dunklen, auf hellen

Teppichen, Tischen, auf Bänke, auf Bäume,
Ameisen krabbeln in alle Räume,

Ameisen krabbeln leider, leider,
in Hosen, in Hemden, in sämtliche Kleider,

besonders wenn du sie ausziehst beim Baden –
und dass sie nicht krabbeln am Hals, an den Waden,

ist's besser, du schüttelst die Kleider gut aus
und trägst nicht die Krabbelameise nach Haus!

Hans Baumann

1. Lest das Gedicht auf unterschiedliche Arten, zum Beispiel:
   - Jedes Kind liest eine Zeile.
   - Oder es liest abwechselnd mit dem Partner.
   - Oder es liest mit passenden Bewegungen.

2. Sammelt Wörter, die beschreiben, wo Ameisen überall krabbeln können. Schreibt sie auf.

Sprudelflaschen | Kochtopf | Häuserwände | Balkongeländer | Mauerspalten | Kaffeetasse

3. Sucht zu euren Wörtern Reimwörter.
Wenn ihr die Wörter laut lest, findet ihr schneller heraus, bei welchen es klappt.
Unterstreicht die gleichen Wortteile.

Sprudelflaschen	Mauerspalten	Häuserwände
Hosentaschen	Kleiderfalten	Kinderhände
Laufmaschen		Lexikonbände
Turnschuhlaschen		

4. Dichtet gemeinsam. Jeder von euch kann eine Strophe dichten und sie auf ein Ameisenblatt schreiben.

5. Lasst eure Ameisen von Klasse zu Klasse krabbeln.

Gibt es bei den Gurken nicht auch üble Schurken?

Sitzt ein Schaf
oder steht es im Schlaf?

Sollte man im Königskuchen
einen König suchen?

Tiger haben schwarze Streifen,
Autos meistens schwarze Reifen.

Ist ein dicker Hund
eigentlich gesund?

Kann ein Nashornmagen
Erdbeereis vertragen?

Hat ein Bär
nicht immer Sehnsucht
nach dem Meer?

Gibt es bei den Gurken
nicht auch üble Schurken?

Mögen Rinder
wohl auch Ferkelkinder?

Warum hat der Elefant
denn nur eine Rüsselhand?

Kann ein Huhn
denn Böses tun?

Passen Mäuse
in Schneckengehäuse?

Es gibt keine rosa Hasen,
aber weiße mit rosa Nasen!

Frisst das Krokodil
wirklich immer viel?

Tragen Kartoffeln
im Keller Pantoffeln?

Kann man auf Pizzen
wohl gemütlich sitzen?

Kornelia Birkenfeld

Gehen

Marie Marcks

1. Erkläre, welche Bedeutung das Verb (Tunwort) gehen in den 4 Bildern hat.

Im Wörterbuch stehen Verben in der Grundform: gehen.
In Sätzen stehen Verben in Verbindung mit Personen.
Das ist die Personalform.

ich gehe
du gehst
er geht
...

2. Schreibe 10 Verben aus der Wörterliste in der Grundform und in der Personalform auf. Kennzeichne die Endung.

Grundform	Personalform
gehen	ich gehe
lachen	ich lache
...	

Verben (Tunwörter) können in der Personalform oder Grundform stehen, daran kannst du sie erkennen.
In jedem Satz steht ein Verb.

Wir gehen und reden

Es gibt viele Ausdrücke für gehen,
weil du auf ganz verschiedene Arten gehen kannst.

schleichen | rennen | springen | hüpfen | ...

1. Schreibe die Verben in der Ich-Form auf.
Ergänze weitere Verben.
ich schleiche, ...

Frage

Ich rede
du redest
wir reden
sie reden
Und wer hört zu?

Roswitha Fröhlich

2. In dem Gedicht reden alle, aber keiner hört zu.
Überlege dir, mit welchen Verben du auch so ein Gedicht schreiben kannst.

Ich weine
du weinst
wir weinen
sie weinen
Und wer tröstet?

weinen | trösten | schreiben | lesen | spielen | aufräumen | kochen | essen

Das ist ein Buch!

Was hast du denn da?
Das ist ein Buch.
Und wie scrollst du vor und zurück?
Ich scrolle überhaupt nicht.
Ich schlage die Seite um.
Das ist ein Buch.

Und wo ist die Maus?
Kannst du mit den Figuren kämpfen?
Nö. Das ist ein Buch.
Kannst du damit simsen?
Nein.
Kannst du damit twittern?
Nein.
Braucht es ein Passwort?
Nein.
Braucht es einen Nickname?
Nein. **Das ist ein Buch!**

Kann ich mein Buch jetzt endlich zurückhaben?
Nein.
Dann gehe ich jetzt in die Buchhandlung.
Keine Sorge, ich lade es wieder auf, wenn ich durch bin.
Musst du gar nicht …
Das ist ein Buch, Esel!

Lane Smith

Der kleine Esel weiß nicht, was ein Buch ist.
Er ist neugierig und stellt viele Fragen.

Kannst du damit simsen?

Kannst du twittern?

Wie scrollst du?

Braucht es einen Nickname oder ein Passwort?

1. Welche Wörter kennst du und kannst du erklären?
Schreibe deine Erklärung auf.

> Wörter, die aus einer anderen Sprache stammen, nennt man Fremdwörter. Für diese Wörter gelten nicht die Regeln unserer Rechtschreibung. Du musst dir merken, wie sie geschrieben werden.

In vielen Bereichen benutzen wir Fremdwörter.
Computersprache: mailen, Apps, Internet, Computer, …

Gerichte: Pommes frites, Döner, Cornflakes, Pizza, …

Sport: Skater, Baseball, Waveboard, Badminton, voltigieren, dunking, Fitness, Foul, …

2. Erklärt Fremdwörter, die ihr kennt.
Vergleicht eure Erklärungen zu einem Wort.
Welche ist am besten?
Begründet eure Entscheidung.

Nachschlagen

1. Auf welcher Seite finden die Kinder die Informationen im Tierlexikon?
   Schreibe auf: *Heuschrecke: S. ...*

★ 2. Stellt euch weitere Suchaufträge.
   Ihr könnt auch ein anderes Inhaltsverzeichnis nutzen.

3. Bei diesen zusammengesetzten Nomen fehlen Buchstaben.
   Überlege, welches der beiden Nomen du nachschlagen musst.
   Schreibe so: *Waldameise: Wald (S. ...)*

Wal■ameise Re■kitz S■ ■möwe Rotfu■ ■s Hö■lenbär

4. Spielt in der Gruppe:
   Für dieses Spiel braucht jedes Kind ein Wörterbuch.
   Ein Kind nennt ein Wort aus dem Wörterbuch.
   Die anderen schlagen es nach.
   Wer findet es am schnellsten?

Der Reihe nach

Damit es keinen Streit gibt, kommen die Kinder heute in alphabetischer Reihenfolge dran. Zuerst kommen alle Kinder mit dem Anfangsbuchstaben A, dann die mit B, dann die mit C, ...
Sofort drängeln sich Axel, Ayse, Anke, Achim, Anton, Abdel, Antje, Amelie, Adele und Asis nach vorne.
Sie sind alle zuerst dran.

1. Wie kannst du die Namen alphabetisch nach dem ABC ordnen? Schreibe auf.

Wenn du Wörter mit gleichem Anfangsbuchstaben ordnest, musst du auf den 2., 3., 4., ... Buchstaben achten.

2. In der Klassenliste sind alle Nachnamen alphabetisch geordnet. Schreibe eine alphabetische Liste mit allen Vornamen.

3. Ordne die Tiere alphabetisch.

Hase Fledermaus Känguru Schildkröte
Vogel Fuchs Delfin Gans Papagei
Giraffe Hamster Krokodil Schmetterling

Versteckte Tiere lesen

Kupferdraht erbärmlich drehen Graben Tischwein
Araber Löwenzahn einhundert lustiger Ziegelstein
abschaffen schlottern Schundroman Kelchblüte

Buchstaben-Experimente

ABC-Satz

ALS BERTAS COMPUTER DANN ENDLICH FUNKTIONIERT,
GIBT HEINRICH IHR JENE KLEINE, LUSTIGE MALAUFGABE:
NACH OBEN PURZELN QUER RIESIGE SATZZEICHEN.
TIEF UNTEN VERSTECKT WARTEN X, Y, Z.

1. Überlege dir zu jedem Buchstaben einer Buchstabenfolge Wörter. Schreibe eigene Buchstaben-Sätze.

B - C - D - E - F - G
Berühmte Clowns dichten eine fröhliche Geschichte.

D - E - F - G - H - I - J
Das Eichhörnchen futtert ganz hektisch im Jagdrevier.

Q - R - S - T - U - V - W
Quallen rutschen schleimig tropfend unter versunkene Wassermelonen.

Freie Wahl mit guten Vorsätzen
am Beispiel üste

Die üste hat die freie Wahl
Wenn sie ein W wählt, bleibt sie kahl
Wenn sie ein K wählt, wird sie nass –
Die freie Wahl macht keinen Spaß

Erich Fried

2. Überlege dir Wörter, die ihre Bedeutung verändern, wenn du den ersten Buchstaben austauschst.

Wüste – Küste

Ball – Wall

Bach – Fach

Buchstaben-Geheimschrift lesen

S sprach das A zum B: „Mein C tut W!"

Fragt das A das B: „Trinkt die Q auch manchmal T?"

Da ruft das A zum B: „G weg!"

Vogel-V kennst du genau

Bei einigen Wörtern hörst du am Anfang ein f,
musst aber ein V oder v schreiben.

1. Suche in der Wörterliste diese Wörter. Schreibe sie auf.
Markiere Nomen blau, Verben rot, Adjektive grün.
Vergleiche mit deinen Mitschülern.

Vater · viel · vielleicht · Vase · vier · Verpackung
verbrauchen · Verschmutzung · Vorfahrt · Vorsicht
verlieren · voll · verbieten · vorsichtig

Viele Verben kannst du mit der Vorsilbe vor- verbinden.

rennen		vorrennen
laufen	vor-	vorlaufen
gehen		vorgehen

2. Welche Verben kannst du noch mit der Vorsilbe vor- verbinden?
Schreibe auf.

3. Welche Verben kannst du auch mit der Vorsilbe ver- verbinden.
Bilde mit jedem neuen Wort einen Satz.

★ **4.** Suche im Wörterbuch Nomen mit den Vorsilben Vor- oder Ver-.
Bilde mit jedem Nomen einen Satz.

Afrika hinter dem Zaun

Wir wohnten in einem Haus. Die Tür war links und rechts war ein Fenster. Die Nachbarn hatten das gleiche Haus wie wir. Und ihre Nachbarn auch und ihre Nachbarn auch und ihre Nachbarn auch. Und das noch drei Mal.
Neben uns wohnte ein Mann, der Französisch sprach. Das hatte er so gelernt, als er klein war und in Frankreich lebte. Wir sprachen kein Französisch, aber das war nicht schlimm. Der Mann war nie lange daheim. Er war immer irgendwohin unterwegs. In Länder, wo die Leute verstanden, was er sagte.
Der Mann, der Französisch sprach, hatte eine Frau, die auch etwas sprach. Was sie sprach, wussten wir nicht. Irgendwas. Die Frau war schön braun und hieß Désirée.
Das ist ein französischer Name, sagte meine Mutter.
Aber Désirée kam nicht aus Frankreich. Sie kam aus Afrika.
Hinter unserem Haus befand sich ein Garten.
Unsere Nachbarn hatten den gleichen Garten wie wir.
Désirée baute ein Haus in ihrem Garten.
Es sah aus wie eine Hütte zum Spielen.
Eine Hütte aus Lehm. Sie arbeitete tagelang daran.
Egal, ob es regnete oder nicht.
Und ich schaute ihr tagelang zu.
Egal, ob es regnete oder nicht.
Nach einer Woche lag eine Hartfaserplatte als Dach darauf.
Da sagte Désirée, ich solle über den Zaun klettern.
Sie sagte es so, wie ich es gesagt hätte.
Ich lief hinter ihr her in ihre Hütte.

Désirée hatte Tee für mich gekocht. Sie sagte: „Willkommen.“ Der Regen trommelte auf das Dach. Das klang gemütlich. Aus Versehen stach ich mit dem Finger in die Wand. Ich erschrak über das Loch, das ich gemacht hatte. „Ihr Haus ist noch nicht trocken“, sagte ich. „Nein“, sagte Désirée. „Aber warte einen Sommer, dann bekommt es keine Planierraupe mehr kaputt. Meine Großmutter in Kamerun hat genauso eine Lehmhütte wie diese. Sie wohnt schon ihr ganzes Leben darin.“ „Werden Sie nun hier wohnen?“, fragte ich. Désirée lachte. „Nicht wirklich wohnen“, sagte sie, „aber ich will ab und zu hier sitzen. Wenn ich das andere Haus satthabe. Wenn ich mein Land vermisse. Denn manchmal habe ich Heimweh nach meinem Land. Ich werde dir mal Fotos zeigen.“ „Gut“, sagte ich und trank von ihrem Tee. Fotos zeigen. Das bedeutete, dass sie mich wiedersehen wollte. Da sagte ich, dass ich sehr gut Löwen nachmachen konnte.

Bart Moeyaert

1. Désirée kommt aus Afrika, ihr Mann ist in Frankreich geboren. Wo sind die Kinder eurer Klasse geboren?

2. Alle Häuser in der Straße sehen gleich aus. Désirée baut sich ein eigenes Haus in ihrem Garten. Beschreibe das Haus.

3. Wie würde dein Haus aussehen, das du nur für dich bauen würdest? Male es und vergleiche dein Haus mit anderen.

Der kleine Herr Paul stellt sich vor

Der kleine Herr Paul **ist klein.**
Alle anderen sind größer.
Ein Tisch ist größer, ein Stuhl, ein Schrank.
Autos sind größer, Häuser und Wolken.
Sogar unbedeutende Dinge sind größer
als der kleine Herr Paul.
Manchmal wäre der kleine Herr Paul
gerne größer.

Der kleine Herr Paul **ist schwach.**
Alle anderen sind stärker.
Bauarbeiter sind stärker, Bagger,
Bären und Bäume.
Jeder dicke Ast hat mehr Kraft.
Manchmal wäre der kleine Herr Paul
gerne stärker.

Der kleine Herr Paul **ist kein Held.**
Alle anderen sind mutiger.
Die erste Blume im Frühling,
das letzte Blatt im Herbst.
Die Katze auf dem Dach
und die Maus im dunklen Keller.
Sogar eine Schneeflocke fürchtet
die Zukunft keine Sekunde.
Der kleine Herr Paul wäre gerne mutiger.

Der kleine Herr Paul **weiß nix.**
Alle anderen wissen mehr.
Die Biene kennt 20 Sorten Honig, ein Eskimo fast
100 Sorten Schnee!
Und die Sonne kennt alle ihre Schatten mit Vornamen.
Der kleine Herr Paul will am liebsten alles wissen.

Der kleine Herr Paul **ist allein.**
Alle anderen sind zusammen:
Die Bücher im Schrank.
Die Wände im Zimmer.
Die Fenster zum Hof.
Artisten im Zirkus.
Die Kirschen im Kuchen.
Die Glocken im Turm.
Ideen im Kopf
und Bonbons im Glas.
Es ist nicht leicht, allein zu sein.

Alle anderen sind groß.
Der kleine Herr Paul ist klein.
Es ist nicht leicht, so klein zu sein.
Es ist nicht leicht, zu groß zu sein.
Klein sein ist wie groß sein,
bloß umgekehrt.
Schwach sein ist wie stark sein,
bloß umgekehrt.
Dumm sein ist wie schlau sein,
bloß umgekehrt.
Die Erde dreht sich um sich selbst
und jeder findet seinen Platz.
Mal groß, mal klein, mal umgekehrt.

Martin Baltscheit

Mit Adjektiven vergleichen

1. Herr Paul ist klein. Alle anderen sind größer.
Schreibe Sätze. Unterstreiche in jedem Satz das Adjektiv.
Was verändert sich?

2. Vergleiche die Tiere miteinander. Schreibe passende Sätze.
Die Katze ist klein.
...

Mit Adjektiven kannst du vergleichen:

groß	größer	am größten
Grundstufe	1. Vergleichsstufe	2. Vergleichsstufe

3. Suche in der Wörterliste 6 Adjektive (Wiewörter).
Schreibe sie in den drei Stufen auf.

Grundstufe	1. Vergleichsstufe	2. Vergleichsstufe
ängstlich	...	...

Besondere Adjektive:
viel – mehr – am meisten
gut – besser – am besten

4. Hier stimmt etwas nicht. Überlege.

5. Suche weitere Adjektive in der Wörterliste, die es nur in der Grundstufe gibt. Schreibe mit den Adjektiven Sätze.
falsch – Die Telefonnummer ist falsch.

6. Herr Paul ist so klein wie ein Zwerg. Suche weitere Vergleiche. Schreibe sie auf.

so stark wie ein 

so langsam wie eine 

so leicht wie eine 

so hell wie die 

7. Die Ameise ist kleiner als die Maus. Suche passende Vergleiche. Schreibe sie auf.

breit   klein   lang

 älter als 

 größer als 

 kleiner als 

Gleiches vergleichst du mit wie, Unterschiedliches mit als.
so groß wie – größer als

Mutig, mutig

Die Maus, die Schnecke, der Frosch und der Spatz sitzen am Ufer des Weihers.
„Ja, ja …“, sagt die Schnecke und die anderen nicken.
„Was nun?“, fragt der Spatz und die anderen schütteln den Kopf.
Und alle denken: „Was nun?“
Endlich fällt dem Frosch etwas ein: „Wir machen einen Wettkampf, wer von uns am mutigsten ist!“
„Gute Idee!“ – „Sehr gute Idee!“ – „Super Idee!“
Die anderen klatschen in die Pfoten, Flügel und Fühler.

Die Maus macht den Anfang: „Ich tauche bis zum anderen Ufer und wieder zurück, und zwar ohne aufzutauchen!“
Der Frosch tut enttäuscht: „So ein Quak. Das hat nichts zu tun mit Mut! Das ist doch ein Vergnügen!“
Die Maus ist beleidigt: „Ich bin doch kein Frosch. Für eine Maus ist das völlig verrückt!“
„Schongutschongut!“, beruhigt der Spatz. „Zeig mal!“
Die Maus macht sich bereit, holt tief Luft, ganz tief, springt ins Wasser und ist weg. Einmal hin. Einmal her.
Endlich taucht die Maus wieder auf. Sie prustet und japst.
Der Frosch hilft ihr aus dem Wasser und gratuliert:
„Mutig, mutig! Du bist eine tolle Taucherin.“
Alle klatschen in die Schwimmhäute, Fühler und Flügel.

Nun ist der Frosch dran. „Ich fresse heute keine mickrige Mücke und keine flinke Fliege“, sagt er, „ich fresse eine ganze große Seerose!“

Die Schnecke tut enttäuscht: „Das ist doch überhaupt nicht mutig! Ich fresse täglich Grünzeug!“

„Du schon“, sagt der Frosch und ist beleidigt. „Aber für mich als Frosch braucht das viel Mut!“

„Schongutschongut!“, beruhigt die Maus. „Los, Frosch, zeig mal!“

Der Frosch springt in den Teich, sucht sich eine große Seerose aus und … würgt sie hinunter mit Stumpf und Stiel.

Nach dem letzten Bissen nickt die Schnecke anerkennend: „Mutig, mutig! Das ist wirklich etwas ganz Besonderes.“

Alle klatschen in die Pfoten, Flügel und Fühler.

Jetzt ist die Schnecke dran. Sie schleimt hin und sie schleimt her, sie räuspert sich und sie spricht: „Ich werde jetzt aus meinem Haus herauskommen und um mein Schneckenhaus herumkriechen und erst dann wieder mein Haus anziehen.“

Der Spatz tut enttäuscht: „Ist doch überhaupt nicht mutig! Ich habe meine Eierschale schon am ersten Tag abgestreift und bin seither nie mehr hineingekrochen!“

Die Schnecke zieht sich beleidigt in ihr Haus zurück.

„Schongutschongut!“, beruhigt die Maus. „Ein Ei ist kein Schneckenhaus. Schnecke, leg los!“

Die Schnecke kriecht heraus, kriecht um das ganze Haus herum und zwängt sich langsam wieder ins Haus hinein. Es sitzt jetzt etwas schief.

Der Spatz ist begeistert: „Mutig, mutig! So etwas hat die Welt noch nie gesehen.“

Alle klatschen in die Flügel, Schwimmhäute und Pfoten.

Jetzt sehen alle gespannt den Spatz an. Denn jeder weiß: Spatzen sind frech und mutig. Und alle sind gespannt, was der Spatz nun tun wird. Der Spatz trippelt hin und her. Und her und hin. „Nun … Nun, also … Nun, also, ich … Nun, also, ich mach … ich mach nicht mit.“

Endlich begreift die Maus. Dann begreift der Frosch. Schließlich begreift die Schnecke. Und alle jubeln: „Ja, das ist Mut!“

Lorenz Pauli

1. In den Sprechblasen steht, was gesprochen wird.
Suche diese Stellen im Text.
Woran erkennst du, dass etwas gesagt wird?

Was jemand in einer Geschichte spricht, heißt wörtliche Rede.
Redezeichen „ “ kennzeichnen den Anfang und das Ende der wörtlichen Rede.

2. Schreibe mit Redezeichen auf, was die Tiere sagen.

Die Maus sagt: „ “ Der Frosch sagt: „ “

Der Spatz sagt: „ “ Alle sagen: „ “

3. Unterstreiche, wer spricht.

Der Frosch sagt: „Ich fresse heute keine mickrige Mücke."

> Der Begleitsatz zur wörtlichen Rede sagt,
> wer gerade spricht.

4. Es gibt verschiedene Wörter im Begleitsatz für sagen.
Schreibe neue Begleitsätze mit der wörtlichen Rede auf.

~~flüstern~~ ~~sprechen~~ ~~rufen~~ ~~fragen~~ ~~antworten~~ ~~sagen~~

Der Spatz …: „…"

Die Maus …: „…"

> Eine wörtliche Rede mit Begleitsatz besteht aus:
>
> Begleitsatz : Redezeichen wörtliche Rede Satzzeichen Redezeichen
>
> Der Frosch sagt : „ Ich fresse eine ganze Seerose . "

5. Schreibe auf, was die Tiere noch sagen könnten.
Achte auf passende Redebegleitsätze und die Redezeichen.

Liebes- und Schimpfwörter lesen

DU

Funkelstein
Vanilleregen
Kaktusigel
Nashornschnupfen
Erdbeerherz
Spargelfisch
Rückwärtsschleicher

Schnittlauchbewacher
Kitzelfloh
Königshase
Schatzkistenbewacherin
Baumkronenkönig
Pummelhummel
Schwimmflügelengel

Heinz Janisch

Das Frühstück

Clemens ist ein glückliches Kind. Seine Mutter hat wirklich Zeit für ihn und kümmert sich um ihn. „Guten Morgen!“, sagt sie am Morgen. „Aufstehen, Clemens! Willst du heute die grüne Hose anziehen oder die blaue? Ich habe dir die blaue herausgelegt. Und zieh das gelbe Hemd dazu an, das passt zu Blau. Vergiss die Hosenträger nicht! Gestern ist dir die Hose hinten so heruntergehangen, das schaut gar nicht schön aus. Wäschst du dir auch gut die Ohren? Wart, ich helf dir. So, jetzt sind die Ohren schön sauber. Nimm die neue Zahnbürste zum Zähneputzen, die alte ist schon ausgefranst. Ich schmier dir schon dein Butterbrot. Magst du Marmelade drauf? Honig ist besser, ich tu dir Honig drauf. Beeil dich ein bisschen, der Kakao wird sonst kalt. Soll ich dir die Haut herunternehmen vom Kakao? So ist es besser. Ist der Kakao noch warm? Sonst wärm ich ihn dir auf, aber dann gibt es wieder eine Haut. Es ist besser, du trinkst ihn so. Trink nicht so schnell! Sonst kriegst du wieder Bauchweh. Und pass mit dem Honigbrot auf! Schau, es rinnt dir ja der ganze Honig über die Hand. Warte, ich geb dir eine Serviette. Gib die Hand her! So, jetzt ist es weg. Oder ist es noch klebrig? Geh dir lieber die Hände waschen! Das Honigbrot iss nachher weiter! Lass nicht wieder die Seife im Wasser liegen! Trödel nicht so lang im Bad, komm her und iss fertig! Du kommst sonst zu spät in die Schule. Hast du die Schultasche gepackt? Nichts vergessen? Warte, ich schau nach. Was hast du denn heute für Stunden?

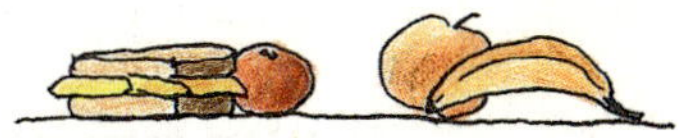

Ich hab dir Käsebrot eingepackt mit Tomaten. Willst du einen Apfel dazuhaben oder eine Banane? Ein Apfel ist besser, von Banane kriegst du Verstopfung. Und iss nicht alles gleich in der ersten Pause auf! Sonst kriegst du Hunger und kannst nicht aufpassen. Es ist Zeit für dich! Zieh dich an, in zwei Minuten musst du aus dem Haus sein.

Vergiss die Kappe nicht! Warum setzt du dich nicht nieder zum Schuhezubinden? Überhaupt geht es viel leichter, wenn man sich die Schuhe zuerst anzieht und dann erst den Mantel. Nimm den Wollschal, im Radio haben sie gesagt, es wird kühl. Jetzt schaut es zwar warm aus, aber man kann nie wissen. Sonst verkühlst du dich noch. Warum willst du denn jetzt mit den Schuhen ins Zimmer? Sag mir, was du vergessen hast, ich hol es dir. Aber wenn es nichts für die Schule ist, dann ist es jetzt zu spät. Geh lieber, für die Schule hast du ja alles mit. Und komm gleich nach Hause nach der Schule! Wenn du zu spät kommst, mach ich mir Sorgen. Ich kann ja nicht wissen, ob du nicht unter ein Auto gekommen bist, von etwas Schlimmerem will ich gar nicht reden. Hast du Taschentücher mit? Warte, ich geb dir noch Taschentücher, da. Und jetzt geh! Ich koch dir auch was Gutes zu Mittag. Willst du Fischstäbchen oder Pizza? Fisch ist gesünder. Also, tschüs dann. Beeil dich! Gib deiner Mutter noch einen Kuss! So, und jetzt lauf! Und pass auf, wenn du über die Straße gehst! Und renn nicht! Wenn du nicht wieder beim Spielzeuggeschäft stehen bleibst, hast du genug Zeit.“

Er ist ein netter Bub, der Clemens. Wirklich. Nur einen Fehler hat er: Er hört einem einfach nie zu.

Martin Auer

Andere auffordern

1. Die Mutter fordert Clemens ständig zu etwas auf.
Auch in der Schule wollen viele Kinder etwas von Clemens.
Lies die Sprechblasen deinem Partner betont vor.
Was fällt dir auf?

Aufforderungen kannst du verschieden ausdrücken:

Ich möchte, dass du leise bist.	(Aussagesatz)	.
Kannst du bitte leise sein?	(Fragesatz)	?
Sei leise!	(Ausrufesatz)	!

2. Fordert euch gegenseitig zu verschiedenen Dingen auf.
Wechselt euch ab.

Zieh bitte deine Jacke an.

3. Manche Fragen und Aufforderungen ärgern dich. Schreibe sie um.

Wörter mit b

1. Schreibe die Verben auf. Markiere b.
gebt – geben, ...

Prüfe Verben, bei denen du ein p im Wort hörst.
Bilde die Grundform.

2. Suche Verben mit b im Wortinneren in der Wörterliste.
Schreibe so:

leben	**erlauben**
ich lebe	ich ...
du lebst	du ...
er, sie, es lebt	
wir leben	
ihr lebt	
sie leben	

3. Wenn die Lehrerin einzelne Kinder anspricht, ändert sich die Personalform. Schreibe die Sätze von Aufgabe 1 so:
Gib deine Geschichte ab.

Gefühle ausdrücken

1. Sieh dir die Fotos genau an. Suche dir ein Foto aus.
   Was könnte Liv erlebt haben? Schreibe auf.

2. Lies deinen Text vor. Können die anderen Kinder erkennen,
   zu welchem Bild du geschrieben hast?

Berechtigte Forderung

Möcht allein sein, möcht mich verkriechen,
möcht heut keinen sehen, möcht heut keinen riechen!

Fühle mich, ganz ohne triftigen Grund,
schrecklich weh und irrsinnig wund!

Könnte die Badewanne mit Tränen voll weinen.
Sinn, mich zu trösten, hat es wirklich keinen.

Drum lasst mich, bitte, endlich in Ruh
und macht doch die Tür von außen zu!

Christine Nöstlinger

3. Wo bist du für dich allein?
   Male oder beschreibe den Platz, an dem du dich zurückziehst.

Meine zweimal geplatzte Haut

Ich könnte platzen.
Aus allen Nähten könnte ich
platzen vor Wut.
Meine Hände zittern.
Meine Stimme bebt.
Meine Haut tut mir weh von
so viel Wut.
Ich fühle mich krank
in meiner Haut,
weil du so bös zu mir warst.

Ich könnte platzen.
Aus allen Nähten könnte ich
platzen vor Lust.
Meine Hände winken.
Meine Stimme lacht.
Mein Bauch gluckert von
so viel Lust.
Ich fühl mich wohl
in meiner Haut,
weil du so lieb zu mir warst.

Hanna Hanisch

4. Versucht, die beiden Stimmungen aus dem Gedicht nachzustellen.

5. Bist du auch schon einmal „geplatzt"?
Schreibe dazu selbst ein Gedicht. Jede Strophe fängt so an:
Ich könnte platzen.
Aus allen Nähten könnte ich platzen vor ...

Sammle zur Vorbereitung
Wut-Wörter und Lust-Wörter.

Kann doch jeder sein, wie er will

„Nee!“, sagt Alex und lässt seine Ellbogen auf den Tisch donnern. „Ich krieg die Krise!“

Gerade hat Frau Löscher ihnen ihre Briefe ausgeteilt. Vor einer Woche ist Frau Löscher nämlich ganz begeistert in die Klasse gekommen und hat erzählt, dass sie am Wochenende ihre alte Studienfreundin Brigitte wiedergetroffen hat, die ist auch Lehrerin. Aber in Hamburg. Und nun sollen sie sich mit Brigittes Schülern Briefe schreiben und später dürfen sie die dann besuchen. Das nennt man dann Austausch.

So ganz toll hat Alex die Idee gleich nicht gefunden, aber man kann es natürlich machen. In Hamburg gibt es ein großes Fußballstadion, da kann er mit seinem Brieffreund vielleicht mal hingehen. Und gute Geschäfte gibt es da auch. Elektronikgeschäfte. Und man kann Bungeespringen machen, das hat er im Fernsehen gesehen. Vom Fernsehturm. Vielleicht ist das mit dem Brieffreund in Hamburg doch ganz in Ordnung.

Aber heute hat Frau Löscher nun die Briefe verteilt: an die Jungs immer die Briefe von Jungs und an die Mädchen die Briefe von Mädchen. Dann hat sie sich gefreut, dass es aufgegangen ist. „Dabei hatte ich gedacht …“, hat sie gesagt. „Na, da muss ich wohl was verwechselt haben.“

Alex starrt ungläubig auf das Blatt Karopapier mit der ordentlichen Schrift und dem komischen kleinen Tier drunter. Wahrscheinlich soll das eine Kuh sein.
„Was schreibt deiner denn?“, fragt Hajo.
Hajos Brieffreund hat genauso eine unordentliche Schrift wie Hajo, das sieht Alex auf den ersten Blick. Eine normale Schrift. Und komische Tiere hat er auch nicht gemalt. Wahrscheinlich ist Hajos Brieffreund normal.

„Was schreibt deiner?“, sagt Alex darum.
Hajo knallt den Brief vor ihn hin. „Fußball“, steht da, wenn man es entziffern kann, und „Eishockey“ und „Computerspiele“. Hajos Brieffreund ist wirklich normal.
„Und deiner?“, fragt Hajo wieder.
Alex stöhnt. „Lies selber“, sagt er.
Als Hajo den Brief gelesen hat, starrt er Alex an. „Der hat einen an der Waffel“, sagt er mitleidig. „Aber echt.“ Alex nickt. „Ponys!“, sagt er. „Und Pink!“
Hajo grinst. „Pferdepostkarten!“, sagt er. „Und Ballett!
Was findest du denn süß, du Süßer?“

„Kann man tauschen?“, fragt Alex, als Frau Löscher ihn endlich drannimmt. Er hat sich mindestens eine halbe Stunde gemeldet. Ganz viele Kinder wollten irgendwas fragen.

„Tauschen?“, fragt Frau Löscher verblüfft. „Wie, tauschen?“
„Kann ich einen anderen kriegen?“, fragt Alex und als Frau Löscher die Stirn runzelt, sagt er schnell: „Meiner macht Ballett.“

Da holt Frau Löscher einmal tief Luft. „Das finde ich jetzt nicht schön von dir, Alex“, sagt sie, „dass du deinen Brieffreund ablehnst, nur weil er ein ungewöhnliches Hobby hat. Es müssen doch nicht alle Menschen gleich sein! Und es gibt viele weltberühmte männliche Tänzer. Getauscht wird nicht.“
Dann lächelt sie doch. „Du wirst sehen, der ist bestimmt nett. Nun schreib ihm einfach mal, dann wird man ja sehen.“

Alex holt seinen Füller aus der Faulenzertasche. Wenn Frau Löscher Ballett keinen Grund dafür findet, dass der Typ einen an der Waffel hat, braucht er ihr das von den süßen Ponys erst gar nicht zu erzählen. Und dass der Brieffreund Pink gut findet.
Da sagt sie dann bestimmt auch nur, jeder Mensch darf doch seinen eigenen Geschmack haben.

Schreiben muss ich ihm wohl, denkt Alex.
Aber hinfahren tu ich nicht. Nie im Leben.

Kirsten Boie

1. Warum ist Alex mit seinem Brieffreund nicht zufrieden?
Begründe deine Meinung.

2. Überlege, wie die Geschichte weitergehen könnte. Schreibe auf.

Emoticons

Kennst du diese Gesichter, die manchmal in E-Mails oder auf dem Handy auftauchen?
Wenn du den Kopf ein wenig nach links neigst, erkennst du sie.
Der Begriff Emoticon besteht aus den englischen Wörtern emotion und icon.
Emotion heißt Gefühl und icon bedeutet Zeichen.
Ein Emoticon ist also ein Gefühlszeichen.

:-)	fröhlich
:-))	sehr glücklich
:-(	traurig
:-*	ein Küsschen
;-)	Augen zwinkern
:-O	staunen

1. Erklärt, woraus die Zeichen bestehen.
2. Überlegt, wann, warum und von wem die Zeichen benutzt werden.
3. Suche im Internet nach weiteren Emoticons.
4. ★ Schreibe einen Text am Computer. Verwende auch Emoticons.

Namen

Deutschland:	Michael und Laura
England:	Mike und Lara (sprich so: Maik)
Frankreich:	Michel und Laure (sprich so: Mischel, Lore)
Italien:	Michele und Laura (sprich so: Mikele)

1. Woher kommt dein Name?
Forsche nach.

> Anouk:
> Der Name kommt aus dem Hebräischen.
> Bedeutung: die Begnadete
> Bei den Inuit ist Anouk ein Jungenname.
> Bedeutung: Bär

2. Stelle deinen Namen vor.

1. Einzelarbeit

Überlege:
- Woher kommt mein Name?
- Wie werde ich noch genannt?
- Wer nennt mich so?
- Wie würde ich am liebsten genannt werden?

2. Partnerarbeit

Wählt aus, was andere interessieren könnte:
- Mein Name kommt …
- Ich werde … genannt.
- Ich würde gerne … heißen, weil …

3. Gruppenarbeit

Berichtet euch gegenseitig.
Wählt aus, was alle interessieren könnte:
- Ich könnte mir vorstellen, dass alle … wissen wollen.

4. Klasse

Stellt eure Ergebnisse vor.

Tschüs, Bär

Heute war ich zum letzten Mal in meiner Klasse. Alle haben sich von mir verabschiedet, auch Frau Möller, meine Lehrerin. Und sie haben mir was ins Poesiealbum geschrieben. Zur Erinnerung, weil ich sie nicht mehr sehen werde. Nur Laura kommt noch mal hierher. Sie sitzt in der Schule neben mir.

Ich warte auf sie. Um drei wollte sie da sein und es ist schon nach drei.

Wir haben uns oft getroffen, Laura und ich. Das war immer schön. Schon seit wir zusammen im Kindergarten waren, ist sie meine allerbeste Freundin. Ich hab ihr das noch nie gesagt, aber sie weiß es bestimmt.

Mama rennt in mein Zimmer. Sie verlangt: „Pack nicht zu viele Bücher in einen Karton, Miriam. Sonst werden die Kartons unheimlich schwer.“

„Hm“, brumme ich und draußen ist Mama. Sie hat es zurzeit wegen des Umzugs immer sehr eilig.

Oh, unten klingelt es dreimal. Das ist Lauras Fahrradklingel und es ist unser Fahrradklingel-Geheimzeichen. Es heißt: Gleich bin ich bei dir.

Ich mache Laura die Wohnungstür auf und schon kommt sie reingestolpert. Groß ist sie und stark. Viel stärker als ich. Sie hat sogar mal einen Jungen verkloppt, der mich verkloppen wollte. Ratzfatz ging das. Und eigentlich lacht sie fast immer.

Heute aber nicht.

Ich hab mir vorgestellt, wie das wird, wenn wir uns zum letzten Mal sehen. Schlimm traurig wird es! Ich hab das gewusst. Laura geht hinter mir in mein Zimmer. Ich setze mich auf das Sofa, Laura auf den Stuhl davor.

Ich sehe sie an und sie sieht mich an. Dann guckt sie schnell weg. Versteckt das Gesicht hinter ihren langen, dunkelblonden Haaren.

Ich glaub, Laura hat geweint. Ich will aber nicht weinen! Laura sagt: „Du packst ja schon ein. Komm, ich helf dir.“ Ich mache: „Hm.“ Danach sitzen wir einfach wieder da. Und ich denke: Ich will nicht wegziehen, ich will nicht müssen.

Plötzlich seufzt Laura und sagt: „Fast jeden Tag waren wir zusammen.“ „Das geht nicht mehr“, sage ich. Dabei wollten wir immer zusammenbleiben, Laura und ich. Warum kann ich nur nichts dagegen machen, dass die Eltern einfach wegziehen?

Jetzt sagt Laura: „Ich hab mir auf der Landkarte angesehen, wie weit es von hier nach Hamburg ist.“ Sie zeigt ein kleines Stückchen zwischen ihrem Daumen und dem Zeigefinger. „Nur so weit.“ „Das sind fast vierhundert Kilometer“, sage ich. „Am Wochenende können wir uns bestimmt nicht treffen. Aber wenigstens in den Ferien, dann besuchen wir uns, oder?“ Laura nickt. „Wenn du im Sommer zu mir kommst, fahren wir mit den Rädern wieder zum Teich und machen Picknick“, sagt sie. „Und vorher schreibe ich dir oft“, verspreche ich. Laura sagt: „Du weißt ja, ich schreibe nicht gerne. Dafür rufe ich dich an.“

Wir sitzen in meinem Zimmer zwischen den Kartons, meine beste Freundin und ich. Spielen nichts. Packen nichts ein. Jetzt reden wir nicht mal mehr.

Sonst haben wir uns immer ganz viel erzählt, auch im Unterricht. Die Lehrerin hat das gestört, uns nicht. Als ich daran denke, muss ich grinsen. Dann fällt mir ein, dass Laura bald eine neue Banknachbarin bekommt, und sofort hört das Grinsen auf. Und es drückt mich so im Hals und in den Augen.

Mensch, beinahe hätte ich es vergessen: Ich möchte Laura was zum Abschied schenken! Was Besonderes. Schnell klettere ich ins Hochbett und hole meinen Bären. „Der gehört jetzt dir“, sage ich und drücke ihn Laura in den Arm. Ich streichle ihn noch mal und dabei streichle ich Lauras Arm mit. „Tschüs, Bär“, sage ich und dann: „Weißt du, warum das für mich so doof ist, dass wir wegziehen?“ Laura kann es gar nicht glauben, dass mein oller Bär ihr gehört. Sie weiß ja, wie gern ich ihn habe. Sie sieht mich an und antwortet nicht. Deswegen sage ich: „Es ist so doof, weil ich von meiner allerbesten Freundin wegziehe. Und das bist du.“

Achim Bröger

Erinnerungen an Laura

Miriam ist weggezogen und alles, was sie mit Laura erlebt hat, ist nun Vergangenheit. In ihrem Tagebuch steht diese Erinnerung:

Wir waren in meinem Zimmer. Wir redeten nicht. Wir spielten nicht. Wir taten nichts. Wir dachten beide an den Abschied. Wir waren traurig. Wir kämpften mit den Tränen. Da überlegte ich mir, dass ich Laura unbedingt noch etwas schenken wollte. Ich holte den Bären von meinem Hochbett. Laura war erstaunt und glücklich über das Geschenk. Sie wusste genau, wie gern ich den Bären hatte.

1. Welche Wörter zeigen dir, dass der Abschied schon vorbei ist?
Trage sie in eine Tabelle ein.
Ergänze die Verben in der Gegenwart.

Gegenwart (heute)	Vergangenheit (früher)
wir sind	wir waren wir redeten

Am Verb erkennst du, wann etwas geschieht.
Verben können in der Gegenwart und in der Vergangenheit stehen.
ich male – ich malte, er liest – er las

Gegenwart	Vergangenheit
ich spiele	ich spielte
wir bauen	wir bauten
sie drehen	sie drehten
du drückst	du drücktest

Gegenwart	Vergangenheit
ich habe	ich hatte
wir springen	wir sprangen
sie rennen	sie rannten
du gehst	du gingst

2. Schreibe die Tabellen ab. Unterstreiche die Buchstaben, die sich in der Vergangenheitsform verändern. Vergleiche die beiden Tabellen miteinander. Was fällt dir auf?

Gegenwart	Vergangenheit
ich spiele	ich spielte

3. Suche weitere Verben in der Wörterliste. Trage sie in die richtige Tabelle ein.

4. Markiere den gleichen Wortstamm oder den veränderten Wortstamm.

Gegenwart	Vergangenheit
ich spiele	ich spielte

Gegenwart	Vergangenheit
ich habe	ich hatte

5. Schreibe mit den Verben 5 Sätze in der Vergangenheit.

6. Bilde die Vergangenheit. Schreibe so:
zielen – er zielte, ...

zielen | wissen | verlieren | schwitzen | informieren

Das kann ich 1

1. Ich kann Nomen erkennen und mit ihrem Artikel (Begleiter) in der Einzahl und Mehrzahl aufschreiben.

DÜNN GLÜCK KRAFT GEHEN SCHRECK TRAUM
ECKE MUTIG FLUGZEUG SAMMELN EMPFINDLICH
SITZEN QUELLE HOFFEN VASE ANGST STUHL
STRAND HÜPFEN RUHE

Seite 227

2. Ich kann Verben in der Vergangenheit aufschreiben.
ich erlebe – ich erlebte

wir lachen wir erzählen ich fühle ich besuche
wir spielen wir sammeln ich nähe ich führe

Seite 228

3. Ich kann Adjektive in den Vergleichsstufen aufschreiben.

wild kühl klein lang lieb

Grundstufe	1. Vergleichsstufe	2. Vergleichsstufe
…	…	…

Seite 229

4. Ich kann mit Adjektiven gleiche und unterschiedliche Dinge vergleichen.

groß

leicht

Seite 229

5. Ich kann Sätze in wörtlicher Rede mit Redezeichen aufschreiben.

Tim fragt:

Mia antwortet:

Tim fragt:

Mia ruft:

Seite 230

6. Ich kann Verben mit den Vorsilben ver- und vor- bilden.

stecken spielen fallen kleiden lesen

Die Klasse will ein Stück ▭. Dazu müssen sich die Kinder ▭.

Das alte Haus ist schon sehr ▭. Die Kinder ▭ sich im Haus.

Wir sollen unsere Geschichten mehrmals laut ▭,

damit wir uns nicht so oft ▭.

Seite 226

7. Ich kann gleiche Wortteile in Wörtern erkennen und markieren.

Dummheit – Gemeinheit	Hitze – Blitze
Rosine – Maschine	schmecken – Ecken
Erlebnis – Geheimnis	Klasse – Kasse

Seite 212

8. Ich kann mit je 5 treffenden Wörtern die Gefühle Freude und Trauer beschreiben.

Seite 218

Villa R.

Paul Klee, 1919

Mein Gespensterhaus

Es war vor 100 Jahren, da gab es ein Gespensterhaus.
Das war fast unbelebt, aber auch nur fast. Es lebten zwei Phantome, ein Skelett und zwei Spinnen in dem Haus. Sie erschreckten jeden, der in das Geisterhaus eindringen wollte.
Eines Nachts war Gespensterrat. Es kamen die zwei Spinnen und die zwei Phantome. Als sie anfangen wollten, fragte die Spinne: „Wo ist das Skelett?“ „Ja, wo ist das Skelett?“, fragten sich auch die anderen. „Wir suchen es“, schlug das Phantom vor.
„Gute Idee!“, riefen sie.
Sie suchten das ganze Haus ab und im vierten Stockwerk fanden sie das Skelett, es guckte Fernsehen.
„Da bist du ja! Warum bist du nicht zum Gespensterrat gekommen?“
Das Skelett antwortete: „Heute kommt doch wieder Geisterfußball.“
„Und wer spielt gegen wen?“, fragte das Phantom.
„Der 1. FC Geisterschreck gegen den Herausforderer FC Geisterspuk“, sagte das Skelett.
Die Spinne fragte: „Wie steht es?“
„5:3 für Geisterschreck“, antwortete das Skelett.
„Toll“, riefen sie und setzten sich neben das Skelett und guckten alle Fußball. Den Gespensterrat haben sie auf die nächste Woche verschoben.

Niklas

1. Male deine Villa. Schneide die Türen und Fenster an drei Seiten auf, dann kannst du sie öffnen. Klebe das Blatt auf ein anderes Blatt. Jetzt kannst du hinter die Türen und Fenster zeichnen, was dort passiert.

2. Schreibe zu deinem Bild, wie deine Villa heißt. Erzähle, wer dort wohnt und was die Bewohner erleben.

Warum wir vor der Stadt wohnen

Als wir im Meer wohnten, grüßten wir alle Fische, aber sie grüßten nie zurück. Wenn es stürmte, schwammen wir nah an die Oberfläche und sahen oben die Wellen hochschlagen und schaukelten sacht auf und ab und stellten uns vor, wir flögen.

Weiter unten war das Wasser ganz ruhig. Wir konnten uns bewegen, wie wir wollten, weil wir schwebten. Manchmal drehten wir uns beim Spielen auf den Kopf oder auf die Seite, bis wir vergessen hatten, wo oben und unten war und wo links und wo rechts. Dann wieder schwammen wir tief hinunter, bis zum Grund, wo es Muscheln gab und Krebse und Sachen, die Menschen ins Wasser geworfen hatten.

Einmal fanden wir dort ein großes Schiff. Der Bruder sah **vier** Aale, der Großvater machte **drei** Purzelbäume, die Mutter fand **zwei** Perlen. Es reichte nicht für **eine** Kette, auch nicht, als die Großmutter noch eine fand. Der Vater aber konnte unter Wasser nichts sehen. **Deshalb zogen wir** auf den Hut des Onkels.

1. **Stopp!** Bevor ihr die Geschichte weiterlest, stellt euch den Hut des Onkels vor.
   Überlegt, wie das Leben auf dem Hut sein könnte.

Als wir auf dem Hut des Onkels wohnten, konnten wir alles sehen und hören, was der Onkel tat und sagte. Aber er tat nicht viel und sagte wenig. Er ging nur durch die Stadt und durch den Wald, spazierte im Park und setzte sich auf eine Bank und las die Zeitung. Zu Hause oder im Restaurant hängte er den Hut an die Garderobe und wir mussten uns festhalten, damit wir nicht hinunterfielen. Manchmal vergaß er den Hut irgendwo, aber er fand ihn immer wieder. Im Laden, wo der Onkel Käse kaufte, sprach er mit der Verkäuferin über Frankreich und die Pyrenäen. Wenn wir über die Krempe schauten, sahen wir weit unten die Schuhe des Onkels. Er putzte sie jeden Tag und sie glänzten wie Spiegel.

Vier Mal schwieg der Onkel tagelang, **drei** Mal vergaß er etwas Wichtiges, woran er sich nie mehr erinnerte, **zwei** Frauen traf er regelmäßig, aber nur **eine** von ihnen küsste er auf den Mund. Nach einiger Zeit aber drückte ihn der Hut so sehr, dass er Kopfweh bekam. **Deshalb zogen wir** ...

Peter Stamm

2. Die Geschichten sind gleich aufgebaut. Was haben sie gemeinsam?

3. Plane deine Geschichte und sammle Stichwörter.
Wo wohnt die Familie in deiner Geschichte?
Was passiert vier Mal, drei Mal, zwei Mal und ein Mal?
Wo zieht die Familie dann hin?

4. Schreibe deine Geschichte auf.

Wörter mit Dehnungs-h

1. Hier sind zwei Wortfamilien durcheinandergeraten.
Schreibe die Wörter nach Wortfamilien sortiert auf.
Markiere den langen Selbstlaut, das h und den Mitlaut nach dem h.
zählen, Zahl, ...

Das h, das du im Wort nicht hören kannst, steht immer zwischen einem langen Selbstlaut und einem Mitlaut. Es heißt Dehnungs-h.

2. Sammle verwandte Wörter. Markiere den Wortstamm.

bohren kühl Fehler fühlen rühren
wählen ehrlich erzählen Führung Lohn

Wörter mit Dehnungs-h musst du dir merken. Wenn du ein Wort aus einer Wortfamilie mit Dehnungs-h schreibst, behalten die verwandten Wörter mit gleichem Wortstamm das h.

be-
Ein-
An-
un-
unbe-
Be-

-bar
-lich
-en
-er

-küche
-ung
-zimmer
-raum
-haus
-sitz
-wagen

3. Schreibe möglichst viele Wörter aus der Wortfamilie wohnen auf.
Markiere den lang gesprochenen Selbstlaut, das h und den nachfolgenden Mitlaut.

4. Wie sieht dein Wunschzimmer aus?
Ist es ein Zimmer, in dem du turnen, toben, klettern, lesen oder dich verstecken kannst?
Beschreibe dein Wunschzimmer deinem Partner ganz genau.
Er malt ein Bild davon.

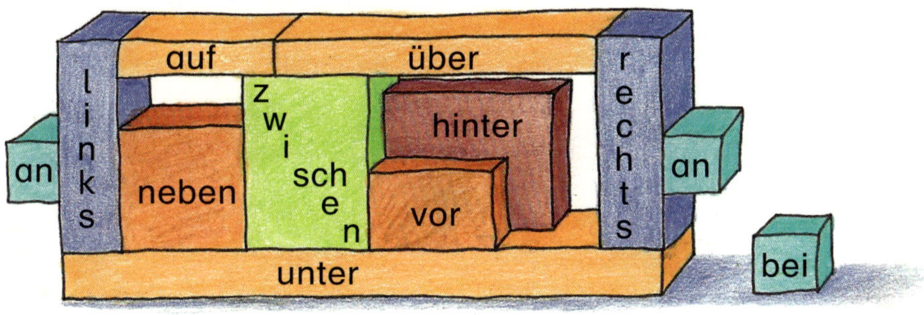

★ **5.** Baue ein Modell deines Wunschzimmers in einem Schuhkarton.
- Sammle geeignete Materialien.
- Schreibe eine kurze Erklärung zu deinem Modell.

★ **6.** Stellt eure Zimmer in der Klasse aus.

Deutschland für Kinder

1. Hamburg – Miniaturwunderland:
Hier findest du die größte Modelleisenbahnlandschaft der Welt und noch viel mehr.

6. Potsdam – Filmpark Babelsberg:
Hier werden Filme gedreht:
www.filmpark-babelsberg.de

10. Berlin – Museumsinsel:
In einem der vielen Museen kannst du eine Zeitreise in das alte Ägypten unternehmen.

4. Bei Bingen – Burg Rheinstein:
Fühle dich wie ein Ritter oder ein Burgfräulein auf einem Rundgang durch die gut erhaltene Burg.

5. Hohenschwangau:
Das Märchenschloss Hohenschwangau gibt es wirklich. Es ist nicht nur für Prinzen und Prinzessinnen interessant.

9. München – Deutsches Museum:
Das Technik-Museum hat ein eigenes Kinderreich:
www.deutsches-museum.de

3. Bad Segeberg – Karl-May-Spiele:
Die Abenteuer von Winnetou werden mit viel Action auf einer Freilichtbühne aufgeführt.

7. Troisdorf – Bilderbuchmuseum:
Über dieses Museum kannst du dich auf den Seiten 98 und 99 informieren.

2. Leipzig – Gondwanaland im Zoo Leipzig:
In einer riesigen Halle kannst du durch Tropenwälder laufen und wilde Tiere entdecken.

8. Iserlohn – Tropfsteinhöhle:
Unter der Erde erwartet dich die Zauberwelt der Tropfsteinhöhle: www.dechenhoehle.de

1. Auf der Deutschlandkarte findest du Ausflugsziele für Kinder. Sieh dir die Karte genau an und lies die Informationen.

2. Stelle deinem Partner Suchaufträge.

Welche Nummer hat das Miniaturwunderland in Hamburg?

Warum ist bei Bad Segeberg ein Indianer?

3. Zu einigen Zielen gibt es keine Informationen.
- Warum steht in Frankfurt ein Dinosaurier?
- Wie heißt der Zoo in Stuttgart?

Wie kannst du mehr über diese Ausflugsziele herausfinden?

4. Sammelt in der Klasse Ausflugsziele, die ihr kennt.

5. Schreibe Informationen zu einem Ausflugsziel, das du kennst.

★ **6.** Im Internet findest du einen Kinderreiseführer von Kindern. Informiere dich.
www.kindernetz.de/reisefuehrer

Inuit

Familie in einem Iglu

„Iglu“ bedeutet „Haus der Menschen“. Als ich klein war, lebten wir im Winter, in den langen Polarnächten, in diesem Haus aus Eis. Auf dem Bild schnitzt der Vater eine Figur aus Speckstein. Die Mutter näht Seehundfelle für ein Zelt zusammen. Wenn es wärmer wurde, stürzte der Iglu ein und dann wohnten wir in einem Zelt.

Die dreibeinige Öllampe gab Licht und heizte zugleich den Iglu. In der Nacht ließ man sie ausgehen und dann wurde die Luft kalt. So mussten dann alle eng zusammen schlafen, um es warm zu haben. Die Kinder schliefen in der Mitte zwischen den Eltern.

Heutzutage leben die Inuit nur noch ausnahmsweise in einem Iglu. Das Zelt meines Großvaters bestand aus einem Holzgestell, das mit Segeltuch und Seehundfellen überzogen war.

Nach dem Fang

Nach dem Fang muss man die Fische zum Trocknen und Gefrieren aufhängen. Man darf sie nicht einfach unter dem Schnee liegen lassen, weil ein Eisbär oder ein Wolf oder ein Fuchs sie finden und auffressen könnte.

Die Schnee-Eule (Okpik) auf dem Bild ist ein „Augen-Gott“. Wenn sich ein Eisbär nähert, zieht sie ihre Kreise über ihm und so wissen die Menschen, dass Gefahr droht. Sie tragen alle Fische in den Iglu und warten, bis der Eisbär fortgegangen ist. Dann hängen sie sie wieder auf. Okpik wacht über sein Volk und sorgt dafür, dass wir unsere Nahrung nicht verlieren.

Sommerspiele

In Zeiten, da es viel Nahrung und wenig Arbeit gab, erfanden die Inuit eigene Spiele.

Die älteren Jungen vergnügten sich beim „Hochkick-Spiel“. Der Pfahl wurde immer höher und wer am höchsten kicken konnte, war Sieger.

Ein anderer Junge hier auf dem Bild macht einen Liegestütz und versucht, mit dem Mund den Stecken zu fassen, ohne mit dem Körper den Boden zu berühren.

Der Junge im Vordergrund macht ein Wetthüpfen, das so lange dauert, bis man umfällt, und der Junge, der am längsten hüpfen kann, hat gewonnen.

Das ist nicht nur lustig, nein, diese Spiele kräftigen auch den Körper für die Wanderung im Winter.

Spiele mit Schnüren

Die Inuit kennen mehr als zweihundert Schnurspiele, bei denen sie die verschiedensten Figuren formen. Auf diesem Bild beginnen die Jungen, gerade ein Kajak nachzubilden. Das Kajak ist ein Boot, das die Inuit zur Jagd und zum Fischen benutzen.

Für die Nachbildung eines Kajaks benötigt man zweiundzwanzig Bewegungen, doch die Finger der Jungen bewegen sich schnell und sie schaffen es in kurzer Zeit.

Noch mehr Sommerspiele

Das Spiel mit der Decke macht ebenfalls viel Spaß. Hier wird ein Mädchen in die Luft geschleudert. Der Wind bläst durch sein Haar. Auch dieses Spiel kräftigt die Kinder, aber wir machten es damals eher zum Vergnügen und um uns die Zeit zu vertreiben.

Die Inuit sind ein sehr gläubiges Volk. Wir haben unsere eigene Religion und wir verehren die Naturgeister, die uns beschützen. Gleichzeitig sind wir aber auch Christen.

Wir glauben, dass das Jesuskind überall geboren wurde, bei den verschiedensten Völkern der Welt. Hier ist Jesus ein Inuit-Kindchen.

Normee Ekoomiak

1. Was bedeutet Inuit?
   Informiert euch.

Wer macht was?

... schnitzt eine Figur aus einem Knochen.

... gibt Licht und heizt den Iglu.

... sucht bei den Inuit nach Nahrung.

... ist ein Boot zum Fischen.

... kräftigt die Kinder.

... näht die Seehundfelle zusammen.

... wird mit einer Decke in die Luft geschleudert.

... beschützt die Inuit.

... stürzt ein, wenn es warm wird.

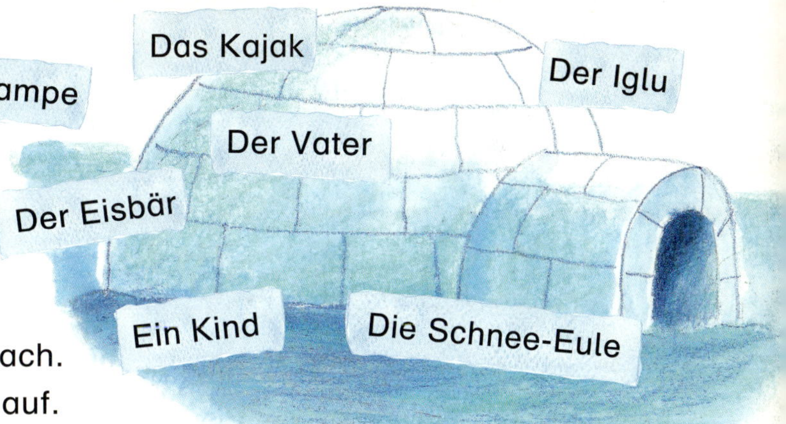

1. In diesen Sätzen fehlt ein Teil.
   Lies auf den Seiten 60 bis 62 nach.
   Schreibe die Sätze vollständig auf.
   Der Vater schnitzt eine Figur aus einem Knochen.

2. Unterstreiche blau, was du ergänzt hast.
   Der Vater schnitzt eine Figur aus einem Knochen.

> Ein Satz besteht aus mehreren Teilen, den Satzgliedern.
> Das Satzglied, das auf die Frage Wer oder was? antwortet,
> heißt Subjekt (Satzgegenstand).

3. Schreibe die Sätze ab. Unterstreiche jeweils das Subjekt (Satzgegenstand).
   Die Inuit leben nur noch selten in Iglus.
   Nur noch selten leben die Inuit in Iglus.
   In Iglus leben die Inuit nur noch selten.

Wir verstehen uns doch

Guten Tag	bitte	danke	ja	nein	auf Wiedersehen
bonjour	s'il vous plaît	merci	oui	non	au revoir
kaliméra	parakaló	efcharistó	ne	ochi	andio
goedendag	alsjeblieft	dank je	ja	nee	tot weerziens
goddag	værsågod at	tak	ja	nej	farvel

1. Deutschland hat viele Nachbarn in Europa.
Vergleicht die unterschiedlichen Sprachen.
Achtet auf Ähnlichkeiten und Unterschiede bei den Wörtern und Buchstaben.

2. Ergänzt die Tabelle mit Sprachen, die in eurer Klasse gesprochen werden.

3. Vergleicht die Antworten der Kinder.
Warum könnt ihr etwas verstehen, ohne die Sprache zu kennen?

Wie ist dein Name?
Wie alt bist du?

Mein Name ist Timo.
Ich bin neun Jahre alt.

Il mio nome è Alessia.
Ho nove anni.

Mon nom est Claire.
J'ai neuf ans.

Mijn naam is Piet.
Ik been negen jaar oud.

Benim adım Ali.
Ben dokuz yaşındayım.

Mi nombre es Maria.
Tengo nueve años.

My name is Sarah.
I'm nine years old.

4. Findet heraus, woher die Kinder kommen.

Sich über ein Land informieren

Timo will sich über Italien informieren. Er sucht deshalb nach geeigneten Büchern. Zuerst schaut er auf den Titel. Dann blättert er im Buch. Ist es nicht zu schwierig, hat es Bilder, ist die Schrift nicht zu klein?

Das Buch „Lavendel in Venedig“ schildert die Reise eines Mädchens nach Venedig. Du erfährst, warum diese Stadt so ungewöhnlich ist. Mit den schönen Bildern im Buch kannst du in Gedanken auf die Reise gehen und viel über diese geheimnisvolle Stadt erfahren. Und wer eine Reise plant, kann hier mit der Vorbereitung beginnen.

Die beiden Hundemädchen Heidi und Klara besuchen und beschnüffeln viele Sehenswürdigkeiten in ihrem Urlaub in Italien. „Heidi und Klara in Italien“ bietet neben vielen Reisetipps auch Platz für ein eigenes Reisetagebuch.

Leckere Gerichte aus anderen europäischen Ländern können Kinder mit diesem Buch leicht kochen. Dazu gibt es noch kleine Geschichten. Guten Appetit!

Mit dem Buch „Wir entdecken Italien“ können Kinder ein fremdes Land und seine Sprache entdecken. Es ist die Geschichte von Sven, der gemeinsam mit seinen Eltern nach Italien fährt, um dort seinen Freund Gianni zu besuchen. So erfährt man viel über italienische Städte und Inseln, das Essen und die Geschichte dieses Landes. Dazu gibt es viele Bilder. Erste italienische Wörter kann man mit dem Sprachtrainer lernen.

1. Welches Buch empfiehlst du Timo? Begründe deine Empfehlung.

Wenn die Welt ein Dorf wäre

Europa ist groß und es leben dort viele Menschen. Aber kannst du dir vorstellen, wie viele Menschen auf der ganzen Welt leben?
Im Jahr 2011 waren es ungefähr 7 Milliarden. Als Zahl sieht das so aus: 7 000 000 000. Unvorstellbar!
Aber stell dir einmal vor, die Welt wäre ein Dorf und in diesem Dorf würden 100 Menschen leben. Dann geht das schon besser.
Ein Mensch steht dann für 70 Millionen Menschen.

Woher kommen die Menschen im Weltdorf?
Von den 100 Menschen kommen:

13 Menschen aus Nord- und Südamerika

13 Menschen aus Afrika

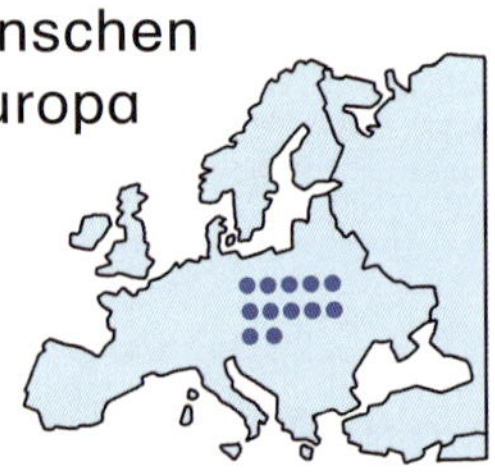

12 Menschen aus Europa

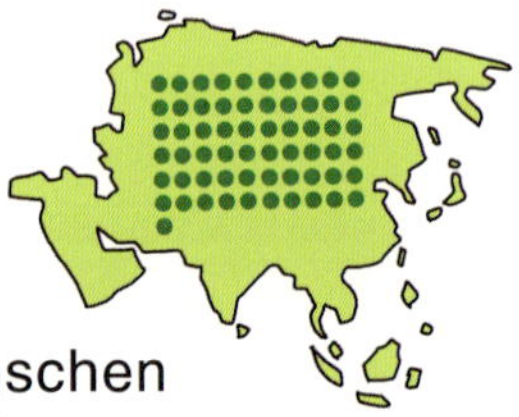

61 Menschen aus Asien

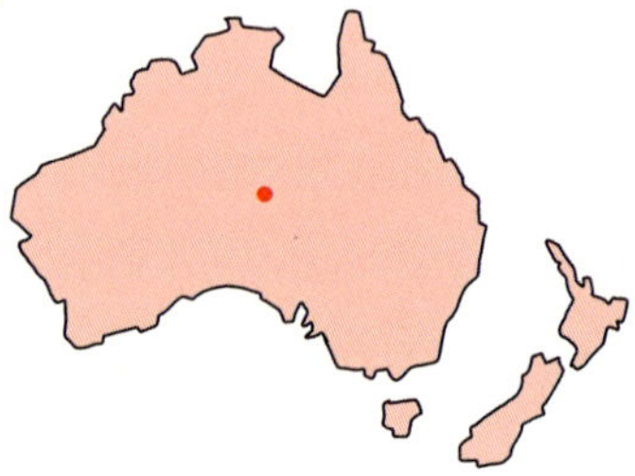

1 Mensch aus Australien und Neuseeland

Wie alt sind die Menschen im Weltdorf?
20 sind Kinder unter 10 Jahren,
35 sind zwischen 10 und 29,
26 sind zwischen 30 und 49,
15 sind zwischen 50 und 69,
4 sind älter als 69 Jahre.

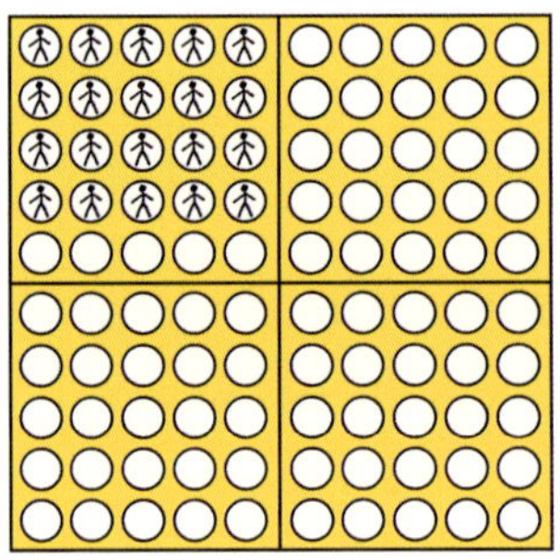

Von den 100 Dorfbewohnern werden nur 24 immer satt.
Nur 65 Bewohner können lesen. Du gehörst zu ihnen.
38 Bewohner sind im Schulalter, aber nur 31 besuchen eine Schule.

nach David Smith

1. Überlege, wie du diese Informationen darstellen kannst, damit man sie auf einen Blick besser lesen kann.

Nomen bilden

Alle Kinder haben Geburtstag, aber sie haben unterschiedliche Geburtstagsfeste, Geburtstagswünsche, …
Alle Kinder mögen etwas ganz besonders, aber sie haben unterschiedliche Lieblingsspiele, Lieblingsbücher, …

1. Suche weitere zusammengesetzte Nomen zu Geburtstag und Liebling.
Schreibe sie auf.
Manchmal musst du ein s einfügen. Markiere es.
das Lieblingswort, …

2. Alle Kinder wohnen in einem Haus, aber sie wohnen in unterschiedlichen Häusern. Schreibe so:
das Hochhaus, das Pfahlhaus, …

3. Mit diesen Wortbausteinen kannst du Nomen bilden.

-ung -heit -keit -nis

beobachten dumm entfernen flüssig frei fröhlich
entwickeln feucht geheim heizen süß erlauben

Markiere die Endung:
beobachten – die Beobachtung, geheim – Geheimnis, …

4. Schreibe die Nomen in Einzahl und Mehrzahl auf.

Einzahl	Mehrzahl
die Entdeckung	*die Entdeckungen*
…	

Sinan und Felix

Genau in dem Moment flog der Fußball von Murat direkt auf Sinans Kopf.
„Aaaach!“, rief Sinan auf Türkisch. „Das hat wehgetan!“
„Özur dilerim!“, sagte Murat. „Bilerek olamadı.“
„Fark etmez!“, sagte Sinan.
Felix verstand kein einziges Wort. Das machte ihn wütend. Sinan war doch sein bester Freund! Worüber hatte er da mit Murat gesprochen? Mutig ging Felix auf den viel größeren Murat zu.
„Kannst du nicht besser aufpassen?“
„Was willst du denn?“, sagte Murat. „Ich habe mich doch eben entschuldigt!“
Ach, das konnte Felix doch nicht wissen! Er ging lieber zu Sinan zurück. Sinan zeigte auf Murats Ball. „Lass uns doch Fußball spielen!“
Ausgerechnet mit diesem Riesen wollte Sinan Fußball spielen! Außerdem kam sich Felix immer so doof vor, wenn Murat und Sinan türkisch redeten. „Da verstehe ich doch wieder kein Wort“, sagte er.
„Hey, bleib mal cool!“, sagte Murat. „Türkisch ist gar nicht so schwer!“
Sinan überredete Felix: „Wir beide gegen Murat, okay?“

Sinan und Felix waren ein starkes Team. Fünf Tore! Und das gegen einen riesigen Torwart.
„Oho!“, sagte Felix auf Deutsch. „Das hätte ich nicht gedacht!“
„Ohooo-o!!“, sagte Sinan auf Türkisch. „Pass mal auf. Wir schaffen noch mal so viele Tore!“
Gegen zwei Knirpse verlieren? Das durften seine Freunde nicht erfahren! Langsam hatte Murat keine Lust mehr zu spielen, aber er traute sich nicht, es zuzugeben. Plötzlich kam Hülya vorbeigefahren. Sie hatte ein tolles neues Fahrrad. Das kam Murat ganz recht.
„Hey! Bisiklete bak!“, rief er.

Es tut mir leid!/Entschuldigung!	Özur dilerim! (ö-sürr di-lä-rrimm)
Das war keine Absicht.	Bilerek olamadı. (bi-lä-rräck oll-ma-de)
Macht nichts!	Fark etmez! (farrck ätt-mäs)

Schau mal, das Fahrrad!	Bisiklete bak! (bi-ßick-lä-ta-back)
Hallo!	Selam! (ßä-lamm)

„Was?“ Felix hatte schon wieder nichts verstanden.
„Ich wusste doch, dass das so kommt!“ Felix wurde sauer.
Murat lief dem Mädchen mit dem Fahrrad entgegen.
Sinan nahm den Fußball und folgte ihm.
„Selam, Hülya!“, rief Murat.
Felix kam sich richtig doof vor. Er schaute zu Sinan.
„Selam!“, sagte Sinan und hob die Hand.
„Ich heiße Sinan.“
Ach, so! Jetzt hatte Felix verstanden. „Selam, ich bin der Felix.“

Aygen-Sibel Çelik

Verse lesen

Sie kommt auf einem Ross aus Stahl,
es hat zwei Räder, Bremse und Pedal.
Das ganze Ding komplett
heißt auf Türkisch „bisiklet“.

Wo warten spannende Abenteuer?
Wo gibt es Helden und Ungeheuer?
Wo geht es rund, mal auf, mal ab?
Auf Türkisch nennt man es „kitap“.

Nomen ersetzen

Es wird von vielen Kindern benutzt.
Es hat einen Sattel, aber kein Fell.
Es hat eine Kette und zwei Räder.

Er springt und hüpft und fliegt.
Er rollt und kullert.
Er landet im Tor.

Sie sind weiß, grau oder schwarz.
Sie schweben über dir.
Manchmal bringen **sie** Regen.

1. In jedem Rätsel wird ein Nomen gesucht.
   Schreibe die Sätze mit den passenden Nomen auf.

2. Schreibe ein eigenes Rätsel.

Nomen können durch Fürwörter (Pronomen) ersetzt werden:
ich, du, er, sie, es, wir, ihr, sie.
Mit Fürwörtern (Pronomen) kannst du Wortwiederholungen vermeiden.

3. Setze die passenden Fürwörter (Pronomen) ein. Schreibe auf.

ich du er sie es wir ihr sie

___ liebe Pausen! Leider sind ___ immer viel zu kurz.
___ kennen so viele Spiele, dass uns nie langweilig ist.
Oder ___ erfinden Spiele. ___ ist immer lustig,
wenn ___ zusammen spielen.
Habt ___ in eurer Klasse auch so viel Spaß?
Oder streitest ___ dich mit anderen?
Streit ist echt blöd. ___ verdirbt jede Pause.

Prüfe, ob du die Satzanfänge großgeschrieben hast.

Am Nachmittag

1. Setze die Verben passend ein. Schreibe auf.

treffen gehen kennen helfen lesen bleiben sagen
haben machen verstehen vertragen

Jakob ___ seinen Freund Marek fast
jeden Nachmittag.
Er ___ mit ihm in eine Klasse und
___ ihn seit dem Kindergarten.
Sie ___ sich immer und bei Streit ___ sie sich auch ganz schnell.
Marek ___ Jakob manchmal bei den Matheaufgaben.
Jakob ___ dafür mit ihm im Lesebuch.

Du ___ bestimmt auch so eine enge Freundschaft.
Ihr ___ viele Sachen zusammen und ihr ___ euch ohne Worte.
Du ___ mir und ich ___ dir.
Oder ___ du ganz viele Freundschaften und ___:
Wir ___ zusammen!

2. Manchmal hören Freundschaften auf.
Schreibe den ersten Absatz in der Vergangenheit auf.
Jakob traf seinen …

3. Sortiere die Verben (Tunwörter) in eine Tabelle ein.

Grundform	Gegenwart	Vergangenheit
treffen	er trifft	er traf
gehen	er geht	…
helfen	er hilft	

4. Markiere den gleichen Wortstamm oder den veränderten Wortstamm.

5. Ergänze die Tabelle mit weiteren Verben.

Was Körperteile so sagen ...

Wann gehen dir endlich die AUGEN auf?

Da bin ich gerade noch mit einem blauen AUGE davongekommen.

Danke, dass du mir die AUGEN geöffnet hast.

Deine AUGEN sind größer als dein Magen.

Vier AUGEN sehen mehr als zwei.

Ich hab doch hinten keine AUGEN.

Ich kann kein AUGE zumachen.

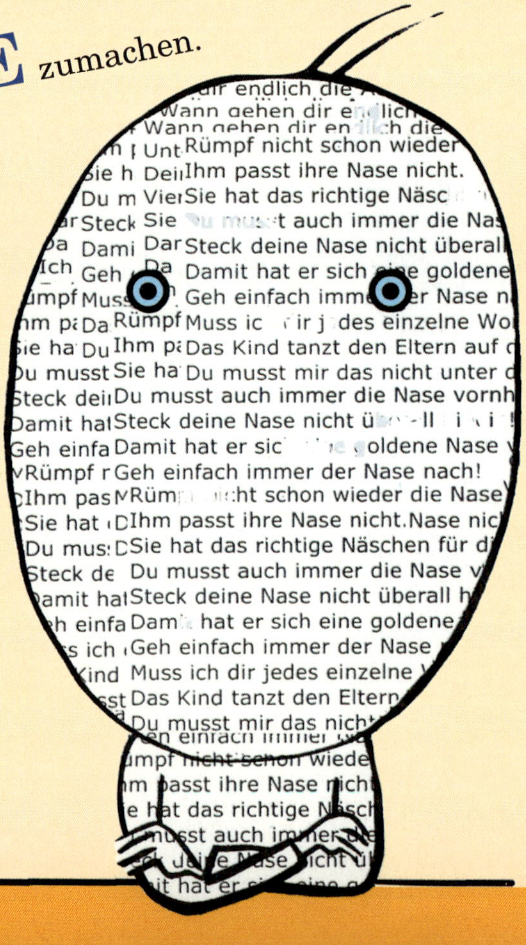

Das geht bei dir zu einem OHR hinein und zum anderen OHR hinaus!

Du hast es wohl faustdick hinter den OHREN.

Lass dir ja keinen Floh ins OHR setzen!

Das ist nichts für fremde OHREN!

Spitzt schön die OHREN!

Ich bin schon ganz OHR!

Lass die OHREN nicht hängen!

Ich bin ganz Ohr

1. Mit den Ohren entdecken wir die Welt.
   Beobachte dich einmal einen Tag lang.
   Notiere Stichwörter zu folgenden Beobachtungsaufgaben:
   - Was hast du besonders gerne gehört?
   - Was hast du nicht gerne gehört?
   - Wann konntest du gut zuhören?
   - Wann war es für dich schwierig zuzuhören?
   - Was hast du gelernt, weil du genau zugehört hast?

2. Tauscht eure Beobachtungen in der Klasse aus.

3. Hören könnt ihr trainieren. Sammelt Ideen für Hörzeiten in eurer Klasse.
   Überlegt zuerst, wo und wie ihr besonders gut zuhören könnt.

Texte hören:
Sammelt kurze Texte oder CDs, denen ihr besonders gut zuhören könnt.

Woher kommt das Geräusch?
Bei diesem Spiel muss mit verbundenen Augen geraten werden, aus welcher Richtung ein Geräusch kommt.

Geräuschpaare finden:
Sammelt möglichst viele gleich aussehende Dosen. In jeweils zwei Dosen kommen gleiche Dinge, zum Beispiel: Reiskörner, Büroklammern, Sand, … Markiert die Dosen am Boden mit einem Zeichen. Wer findet heraus, welche Dosen zusammengehören?

Laut und leise:
Wer kann leise gesprochene Wörter noch hören?

Musik hören:
Hört euch gemeinsam mit geschlossenen Augen ein Musikstück an. Stellt euch dazu Bilder oder eine Geschichte vor. Erzählt euch, was ihr gesehen habt.

4. Manchmal ist es zu laut.
   Wie könnt ihr das ohne Worte regeln?

Was macht wer?

Ein wütender Autofahrer	klingelt.
Der Brunnen	hupt.
Die Straßenmusikanten	läuten.
Der Radfahrer	plätschert.
Die Glocken	singen.

1. Schreibe die Sätze vollständig auf. Unterstreiche das Subjekt (Satzgegenstand) blau. Unterstreiche rot, was du ergänzt hast.
Ein wütender Autofahrer hupt.

Ein Satzglied, das auf die Fragen Was geschieht? oder Was macht jemand? antwortet, heißt Prädikat (Satzkern).

2. Schreibe die Sätze mit dem passenden Prädikat (Satzkern) auf. Unterstreiche die Prädikate (Satzkerne) rot.

überhören | lauschen | verhören | hören | belauschen

Die Zuhörer ▢ der Musik im Konzert. Lisa ▢ nicht immer auf ihre Eltern. Der Detektiv ▢ den Einbrecher. Mein Freund ▢ sich oft bei schwierigen Wörtern. Die Lehrerin ▢ die freche Bemerkung.

3. Was geschieht? Suche zu jedem Wort mindestens zwei Verben in der Wörterliste. Schreibe Sätze. Unterstreiche die Prädikate (Satzkerne).

Reh | Pilz | Clown

Der Pilz wächst im Wald.

4. Lass immer ein Satzglied weg, bis du einen ganz kurzen Satz hast.

Alle | trommeln | leise mit ihren Fingerspitzen | auf die Tischplatte.

Alina | schlägt | mit voller Wucht | auf die riesige Pauke.

Alle trommeln leise mit ihren Fingerspitzen auf die Tischplatte.
Alle trommeln leise mit ihren Fingerspitzen.
Alle trommeln leise.
Alle trommeln.

Eine Schule für blinde Kinder

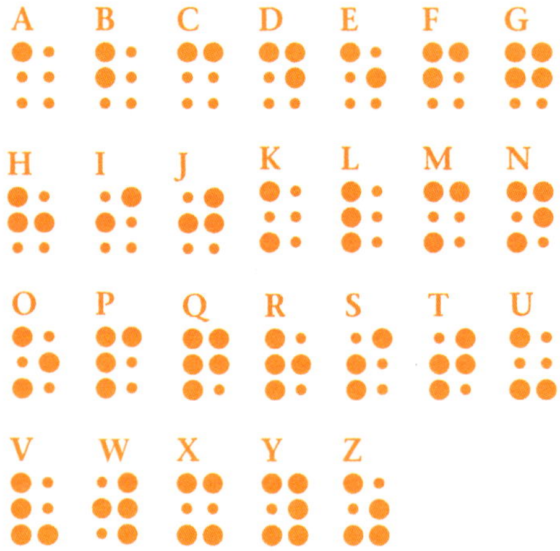

Für blinde Kinder ist es oft nicht möglich, die Grundschule an ihrem Wohnort zu besuchen.

Zwar müssen auch sie lesen, schreiben und rechnen lernen, aber weil sie nicht sehen können, brauchen sie ganz besondere Hilfen.

Außerdem müssen sie noch andere Dinge lernen. Deshalb besuchen sie eine Blindenschule.

Sie lernen lesen und schreiben in der Blindenschrift.

Die Blindenschrift besteht aus Punkten, die aus dem Papier hervorstehen.

So können Blinde die Buchstaben mit den Fingerspitzen fühlen und lesen.

Das ist sehr schwierig, aber blinde Kinder können genauso schnell lesen wie ihr.

Zum Schreiben benötigen sie eine Punktschriftmaschine.

Diese Maschine drückt die Punktschrift auf das Papier.

Blinde Kinder müssen viele Dinge ertasten und sich vorstellen, wie etwas aussieht. Deshalb gibt es in der Blindenschule viele Modelle und ausgestopfte Tiere. Die Lehrerinnen und Lehrer müssen viele Dinge, die ihr sehen könnt, sehr genau beschreiben.

Das Hören ist für blinde Menschen besonders wichtig. Sie „sehen“ mit den Ohren und den Fingern. Sie hören, ob sich Menschen oder Autos nähern.

So können sie sich besser zurechtfinden und auch Gefahren erkennen.

Das ist wichtig, um sich in Gebäuden oder auf der Straße zu bewegen.

Wege außerhalb der Schule müssen gelernt werden.

Auch das steht auf dem Stundenplan.

Das Fühlbilderbuch

Als die Kinder einer Klasse aus Frankfurt im Unterricht über blinde Menschen gesprochen haben, wollten sie eine Partnerschaft mit einer Klasse an einer Blindenschule beginnen. Lange haben sie über ein passendes Geschenk nachgedacht. Schließlich einigten sie sich auf ein Fühlbilderbuch. Es sollte aber auch für die Kinder sein, die noch ein wenig sehen können. Auch diese Kinder besuchen häufig eine Blindenschule. In der Bücherei suchten sie zuerst Bilderbücher aus. Sie überlegten lange, welche Bücher sich für ein Fühlbilderbuch eignen. Viele Bücher hatten zu schwierige Bilder oder waren für kleine Kinder. Schließlich blieben nur wenige Bücher übrig. Dann wurden die Seiten des Bilderbuches aufgeteilt.

Gemeinsam überlegten sie, wie aus den Bildern Fühlbilder werden könnten. Dafür mussten sie Materialien suchen. Immer wieder sprachen sie darüber, wie sich die Dinge anfühlen und welche Form sie haben. Zum Schluss schrieben sie die Geschichte in Schreibschrift und in Blindenschrift. Dafür hatten sich die Kinder vom Blindenverband eine Punktschriftmaschine geliehen. Weil das Buch so dick wurde, mussten die Seiten in einer Schachtel aufbewahrt werden.

Wir sind alle verschieden

Ich bin in der zweiten Klasse dazugekommen. Die Kinder haben mich zuerst gehänselt, weil ich einen Sprachfehler habe. Nach einem Monat haben sie mich nicht mehr gehänselt. Sie müssen oft warten, bis ich fertig geredet habe. Jetzt üben sie oft mit mir. Ich wollte beim Theaterspiel mitmachen, aber ich konnte es nicht, weil ich den Sprachfehler habe. Aber dann habe ich doch mitmachen können. Ich habe eine Rolle bekommen, bei der man nicht reden musste.
Andre

Andre hat einen Sprachfehler, aber das ist uns egal. Uns ist es auch egal, wie lange er fürs Sprechen braucht, wir hören zu.
Claudio

Ich verstehe Andre manchmal überhaupt nicht. Dann tue ich aber so, als ob ich alles verstanden habe, um ihn nicht zu beleidigen.
Elisabeth

Beim Vorlesen wird er ungeduldig und stottert sehr viel. Beim Schreiben merkt man es kaum. Das ist komisch. Wenn er mich anruft, dann braucht er sehr viel Zeit, bis jedes Wort verständlich genug klingt.
Bianca

Mein Freund Andre
Ich finde es heute normal, dass Andre bei uns ist. Ich finde es nicht gut, wenn ihn jemand wegen seines Sprachfehlers beleidigt. Er stottert bei großer Aufregung sehr stark. Seine Stärke ist, dass er sehr viel Spaß versteht. Am Anfang war es komisch mit seinem Sprachfehler. Andre ist immer sehr lustig, egal was passiert.
Christopher

In Schulklassen lernen Kinder mit unterschiedlichen Fähigkeiten und aus unterschiedlichen Ländern gemeinsam.
In manchen Klassen brauchen einige Kinder besondere Hilfe.
Dann kümmern sich zwei Lehrerinnen und manchmal noch ein Helfer um die Schülerinnen und Schüler.
Die Kinder der Klasse 3b haben aufgeschrieben, was das Besondere an ihrer Klasse ist.

Das Besondere an der Klasse 3b

In unserer Klasse sind 25 Kinder.
Als wir in die Schule kamen, waren wir fast alle schüchtern, aber es ist schon ein bisschen besser geworden, weil wir älter geworden sind.
Wir haben auch ganz viele Bilder.
Wir haben Bilder mit schönen Buchstaben und mit Quadraten. Und wir haben Plakate.
Die Plakate sind da, damit wir wissen, wie man Aufsätze schreibt und wie wir Satzanfänge schreiben können.
Als ich zur Schule kam, war ich ängstlich.
Jedes Kind verhält sich anders und jedes Kind ist anders und jedes Kind hat eine andere Muttersprache. Meine Hautfarbe ist braun. Obwohl ich anders als die anderen Kinder aussehe, lacht mich keiner aus.

Was ist das Besondere an unserer Klasse 3b?

Die Kinder lernen unterschiedlich.
Einige Schüler lernen wie im ersten Schuljahr.
Einige Schüler, die Mathe machen und als Erste fertig sind, können spielen.
Christian hilft Meike.
Ich brauche viel Hilfe.

Wenn die Haut verrücktspielt

Ronja hat Neurodermitis. Ihre Haut ist oft rot und rau, manchmal blutet sie sogar. Einige Kinder sind unsicher, wie sie sich verhalten sollen. Können sie sich anstecken? Ronja will ihren Klassenkameraden erklären, warum ihre Haut Probleme macht.

Zuerst erzählt Ronja, wie es begonnen hat mit ihrer Neurodermitis. „Eigentlich“, erklärt sie, „gab es dafür gar keinen richtigen ersten Tag. Mama hat mir erzählt, dass meine Haut immer schon ein bisschen trocken war – auch als Baby und ganz kleines Kind. Ich erinnere mich, dass ich mich kratzen musste, wenn ich lange in der Badewanne gebadet hatte. Irgendwann wurde das Jucken dann schlimmer und schlimmer.

In einem Sommer haben wir Ferien auf dem Bauernhof gemacht. Dort gab es Pferde und Ponys und ich durfte reiten. Nach ein paar Tagen musste ich mich dann so doll kratzen, dass meine Haut ganz rot wurde und wehtat. Manchmal habe ich mich auch im Schlaf gekratzt und meine Haut war dann morgens immer ganz wund.

Nach den Ferien sind wir zu meiner Kinderärztin gegangen, weil meine Haut gar nicht mehr besser werden wollte. Vor allem in den Ellenbogen und Kniekehlen hatte ich rote, trockene Stellen. Mama dachte, es könnte vielleicht eine Allergie sein. Nach der Untersuchung hat mir meine Kinderärztin erklärt, dass ich Neurodermitis habe und wahrscheinlich auch eine Allergie gegen Pferde.

Durch die Allergie ist die Haut schlimmer geworden – sie juckte noch mehr und wurde noch trockener und rauer.“

„Warum heißt das eigentlich Neurodermitis?“, fragt Paul.

„Den Namen Neurodermitis gibt es schon fast zweihundert Jahre“, sagt Ronja. „Dermatose heißt Hautkrankheit und Neuro Nerven. Damals dachte man, dass eine Entzündung der Nerven der Grund für die kranke Haut ist. Heute weiß man es besser, aber der Name ist geblieben. Viele Dinge weiß man aber bis heute nicht. Darum gibt es auch so viele Ideen, warum die Haut so besonders ist und was dagegen helfen kann!“

„Was macht die Neurodermitis mit der Haut?“, fragt nun die Lehrerin.

Ronja erzählt: „Unsere Haut schützt das Innere des Körpers vor Hitze und Kälte, gegen Schmutz und noch viele andere Dinge mehr. Wie eine Zwiebel hat die Haut mehrere unterschiedliche Schichten. Bei der Neurodermitis sind die Hautfalten dicker und die Haut ist trockener, weil sie nicht genug Fett produziert. Wahrscheinlich fehlen der Haut auch noch ein paar andere Stoffe, die sie feucht halten und ihr damit eine gute Schutzfunktion geben. An einigen Stellen kann die Haut so trocken sein, dass sich sogar kleine Risse bilden. Außerdem reagiert die Haut von Kindern mit Neurodermitis ein bisschen anders auf viele Dinge: Oft wird sie nicht rot, wenn man sich kratzt, sondern weiß. Auch finden es die Kinder meistens sehr unangenehm, wenn es draußen sehr kalt ist oder wenn Stoffe auf die Haut kommen, die kratzen.“

Anne Hilgendorff

1. Lies im Text nach und schreibe die Antworten auf.
Notiere die Zeilen, in denen du die Information gelesen hast.

- Wogegen ist Ronja wahrscheinlich allergisch?
- Wovor schützt uns die Haut?
- Warum heißt die Krankheit Neurodermitis?

★ **2.** Es gibt auch andere Krankheiten, unter denen Kinder leiden müssen.
Informiert euch, damit ihr diese Kinder besser verstehen könnt.

Die Glücksfee

Es gibt auf der ganzen Welt dreitausenddreihundertdreißig Glücksfeen. Und Pistazia war die Allerbeste. Tusnelda war die Chefin, weil sie die Dickste war. „Pistazia“, sagte Tusnelda, „es gibt Arbeit für dich.“ Auf der Leinwand erschien das Bild eines Jungen. „Das ist Lukas Besenbein“, erklärte Tusnelda. „Er hat ständig schlechte Laune. Der Junge versteht nicht das Geringste vom Glücklichsein. Schlimmer Fall“, sagte Tusnelda. „Braucht dringend ein paar Nachhilfestunden. Hier ist seine Adresse.“

Lukas Besenbein schlief. Pistazia glitt durch die Fensterscheibe, holte tief Luft und pustete ihm ins Ohr. Erschrocken fuhr der Junge hoch. „Hallihallo!“, flötete Pistazia. „Hab gehört, du verstehst nichts vom Glücklichsein. Triefst nur so von schlechter Laune, was?“ Lukas blinzelte. Aber es half nichts. Die dicke Fee war immer noch da.

„Guck nicht so dumm“, sagte sie. „Ich heiße Pistazia und bin eine Glücksfee. Wie wär’s mit einem Lächeln zur Begrüßung?“ „Es gibt keinen Grund, glücklich zu sein“, sagte Lukas. „Doch. Glücklichsein macht Spaß. Das ist ein Grund, oder? Komm! Zeit für deine erste Lektion.“ Sie nahm Lukas an der Hand und flog los, hinaus in die kühle Nacht. Pistazia setzte Lukas auf dem Dachfirst ab. „Na, gefällt’s dir hier?“ „Nein! Was ist das für ein schrecklicher Traum!“ „Traum? Blödsinn“, sagte Pistazia. „Das hier ist eine ernste Angelegenheit. Du sollst das Glücklichsein lernen und ich habe nicht ewig Zeit.“ Dann schubste sie Lukas vom Dach, bugsierte ihn zurück in sein Zimmer und ließ ihn über seinem Bett schweben. „Möchtest du ins Bett?“, gurrte Pistazia. „Ja!“, brüllte Lukas. Da ließ sie ihn abstürzen. Rums!

„Oh!“, flüsterte er. „Es ist warm und weich und wunderbar!“
„Glücklich?“, flötete Pistazia ihm ins Ohr.
„Weiß nicht!“, knurrte Lukas.

Beim Frühstück saß Pistazia in seiner Tasse. Der Kakao war verschwunden. „Wirklich schmackhaft!“, wisperte die Fee und leckte sich die Lippen. „Ich wette, du bekommst diese Köstlichkeit jeden Morgen. Und trotzdem machst du schon wieder dein Miesepeter-Gesicht.“ „Lukas“, sagte Mama, „du guckst so komisch.“ „Kann ich noch Kakao haben?“, brummte er. Mama goss ihm den Becher voll. Aber als er trinken wollte, war kein Tropfen mehr drin. Den ganzen Tag ging das so. Egal, was Lukas sich eingoss, sein Glas blieb leer. Abends klebte ihm die Zunge am Gaumen.

Am nächsten Morgen saß Pistazia wieder in seiner Tasse. „Würde dich ein Schlückchen Kakao glücklich machen?“, fragte sie. „Ja“, krächzte er. Da füllte sich der Becher mit duftendem Kakao. „Na, glücklich?“, wisperte es in sein Ohr. „Mann, Mama, schmeckt der wunderbar“, sagte Lukas und schenkte seiner Mutter das breiteste Lächeln, das sie je von ihm gesehen hatte.

Cornelia Funke

1. Wer sagt was? Überlege dir Sätze.
Schreibe sie mit passenden Begleitsätzen auf.

brummen · loben · wispern · flöten · knurren · krächzen · brüllen

Pistazia ___: „___” Tusnelda ___: „___“
Lukas ___: „___“ Mama ___: „___“

Prüfe, ob du die richtigen Satzzeichen verwendet hast.
Achte besonders auf den Doppelpunkt nach dem Begleitsatz und die Redezeichen bei der wörtlichen Rede.

Kartoffelsalat schmeckt überall

Kartoffelsalat
(Rezept aus Nordrhein-Westfalen)

1 kg Kartoffeln (gekocht)
3 Eier (hart gekocht)
1/2 Ring Fleischwurst (gewürfelt)
4 Gewürzgurken (gehackt)
1 Zwiebel (gehackt)
4 EL Mayonnaise
Salz, Pfeffer

Kartoffelsalat
(Rezept aus Bayern)

1 kg Kartoffeln (gekocht)
1 Zwiebel (gehackt)
1/4 l warme Gemüsebrühe
4 EL Essig
4 EL Öl
Salz

1. Vergleicht die beiden Rezepte miteinander.

2. In der Schulmensa gibt es eine Kartoffelwoche.
Schreibe die Antworten zu den Fragen auf.
   - Pia mag keine Zwiebeln.
     Welches Kartoffelgericht wird sie nicht mögen?
   - Tilo isst besonders gerne Pizza.
     Welches Gericht wird er sicher wählen?

Kartoffelwoche

Montag:	Schnitzel mit Kartoffelsalat
Dienstag:	Kartoffel-Gemüse-Auflauf
Mittwoch:	Kartoffelpizza
Donnerstag:	Pommes mit Würstchen
Freitag:	Bratkartoffeln mit Zwiebeln und Salat

Sätze aus Satzgliedern bilden

Taro | Rima | Nils | ein Mädchen | der schwarzhaarige Junge

öffnet | isst | würzt | hackt | schneidet | schält

die gekochten Kartoffeln | das Gurkenglas | den Salat

mit Salz und Pfeffer | mit dem Messer

1. Schreibe Sätze.
Verwende dazu die Satzglieder.
Taro öffnet das Gurkenglas.

2. Stelle die Satzglieder um. Schreibe die umgestellten Sätze auf.
Öffnet Taro das Gurkenglas?

3. Unterstreiche in jedem Satz das Subjekt (Satzgegenstand) blau und das Prädikat (Satzkern) rot.
Taro öffnet das Gurkenglas.
Öffnet Taro das Gurkenglas?
Das Gurkenglas öffnet Taro.

> Ein Satzglied kann aus einem oder mehreren Wörtern bestehen. Wenn du einen Satz umstellst, bleiben die Wörter eines Satzgliedes immer zusammen.

4. Suche 3 Verben in der Wörterliste.
Überlege dir zu jedem Verb einen möglichst langen Satz.
Dein Partner stellt die Sätze um und unterstreicht in jedem Satz das Subjekt (Satzgegenstand) blau und das Prädikat (Satzkern) rot.

Kurz der Kicker

Kurz legt den Ball auf den Elfmeterpunkt. Wenn er den reinmacht, haben sie gewonnen. Es ist die letzte Minute vom Spiel.

Früher, als er noch ein kleiner Junge war, hieß Kurz nicht Kurz, sondern Uwe. Uwe Kowalla. Und richtig gut konnte der Kowalla nix. Er war klein und grantig, stand immer nur herum und wenn einer was fragte, sagte er nur: „Ist mir doch egal!“ Auch am Tag, als Onkel Alwin ihm den Lederfußball zum 6. Geburtstag schenkte.

„Ist mir doch egal!“, sagte er und trat vor das runde Ding.

Das flog dann durch die Scheibe über den Hof, durch noch eine Scheibe und schließlich in die Suppe vom Hausmeister. Aber statt Kloppe und Stubenarrest meldete Vater Kowalla seinen Sohn im Fußballverein an. Stürmer sollte er werden. Aber Uwe Kowalla hatte keine Lust, Stürmer zu sein. Er sagte nur: „Ist mir doch egal!“

Immer wenn ein Ball auf ihn zurollte, trat er ihn weg. Also stellte der Trainer Uwe, den jetzt alle nur noch Kurz nannten, weil er so klein war, neben den Torpfosten. Von dort sollte er Abschläge machen. Und Kurz machte Abschläge. Wunderschöne Abschläge.

Hohe Abschläge, tiefe Abschläge, gerade und gebogene Abschläge. Abschläge mit links und mit rechts. Die schönsten Abschläge, die man je gesehen hatte. Aber der Trainer sagte: „Mit Abschlägen allein kann man kein Fußballspiel gewinnen!“ „Ist mir doch egal!“, sagte der kleine Kowalla und legte den Ball für den nächsten Abschlag zurecht.

Kurz wurde älter. Seine Kameraden auch. Sie wurden länger, Kurz nicht. Sie bekamen Muskeln, Kurz nicht. Sie wollten gewinnen, Kurz nicht. Er wollte nur Abschläge machen. Da ließen ihn seine Kameraden allein. Und niemand spielte mehr mit Kurz.

Nachdem er eine Saison lang nachgedacht hatte, ging er zum Trainer und fragte: „Trainer, was muss ich tun, um ein Fußballspiel zu gewinnen?“

„Ein guter Fußballer braucht drei Dinge: Kondition, Technik, Taktik!“ Kurz der Kicker hatte verstanden, holte sich einen Ball, ging zu den Kollegen und lernte, wie man ein Fußballspiel gewinnt.

Dies alles geht Kurz in den Sekunden vor dem Pfiff des Schiedsrichters durch den Kopf. Sein ganzes Fußballleben. Bis zu diesem entscheidenden Elfmeter. Er macht sich Mut, es ist ihm nicht egal.

Kurz sieht dem Torwart in die Augen. 5 Meter Anlauf! Die Menschen im Stadion vergessen das Atmen.

Kurz läuft an. Noch 3 Meter. Der Torwart trippelt mit den Beinen. 2 Meter! Kurz holt auf und schießt … vorbei!

Ein Schuss wie eine Rakete, aber drüber. Der Schiedsrichter pfeift ab. Das Spiel ist aus, es dauert 90 Minuten, der Ball war rund und gewinnen kann immer nur einer. Kurz steht auf dem Elfmeterpunkt, die Hände vor dem Gesicht und … weint.

Aber in der Nacht, als alle längst schlafen, fliegt der Ball noch immer. Fliegt durch die Wolken, über das Land und einmal um die Erde herum. Und am nächsten Morgen senkt sich der Ball von Uwe Kowalla, genannt Kurz der Kicker, über den Stadionrand, fällt auf das Feld, springt noch zweimal auf und rollt auf das Tor zu. Und niemand, wirklich niemand ist da, der ihn jetzt noch aufhalten kann.

Martin Baltscheit

1. Warum will Kurz am Ende plötzlich gewinnen? Überlegt gemeinsam.

★ 2. Möchtest du einen Spieler wie Kurz in deiner Mannschaft haben? Begründe deine Meinung.

Wozu gibt es Schiedsrichter?

Heute gibt es im Fußball eine Menge Regeln. Da braucht man jemanden, der sie gut kennt und aufpasst, dass die Spieler und Trainer sie auch einhalten. Das macht der Schiedsrichter zusammen mit seinen Assistenten. Der Schiedsrichter muss unparteiisch sein, darf also keine der Mannschaften bevorzugen, sondern muss gerecht entscheiden. Sportlich sollte er auch sein, damit er immer dahin laufen kann, wo etwas passiert. Wenn ein Spieler gegen eine Regel verstößt, pfeift der Schiedsrichter meist ab und zeigt dann die Strafe an: durch unterschiedliche Handzeichen, manchmal auch durch eine gelbe oder rote Karte. Die Karten hat er übrigens erst seit 1970 in der Tasche. Damit kein Spieler mehr sagen kann, er habe eine Verwarnung nicht verstanden. Das klingt weit hergeholt? Bei der Fußball-WM 1966 ist aber genau das passiert: Da tat ein vom Platz gestellter argentinischer Spieler minutenlang so, als hätte er den deutschen Schiedsrichter nicht verstanden. Danach führte man die eindeutigen „Ampelkarten“ ein. Die gelbe Karte bekommt ein Spieler als Verwarnung für eine nicht ganz so schlimme Regelverletzung. Wenn er im selben Spiel aber noch mal eine Regel verletzt, sieht er die gelb-rote Karte. Und die bedeutet dann: Platzverweis. Die rote Karte bekommt man für schwerere Vergehen oder auch für das zweite „nicht so schlimme“. Die Folge: Der Spieler muss sofort den Platz verlassen. Er kann später außerdem noch für weitere Spiele gesperrt werden.

- Meckern
- Spielverzögerung
- übertriebener Torjubel
- leichteres Foul

- grobes Foul
- Beschimpfen oder Beleidigen des Schiedsrichters
- absichtliches Handspiel, das ein Tor verhindert
- zweite Verwarnung, nachdem der Spieler schon eine gelbe Karte bekommen hat

Beim Fußball gibt es für Regelverstöße eine gelbe oder eine rote Karte vom Schiedsrichter. Auf dem Schulhof gibt es keine Schiedsrichter. Aber ihr könnt selbst dazu beitragen, dass es dort fair zugeht und sich alle an vereinbarte Regeln halten.

1. Überlege dir Antworten zu diesen Fragen:
   - Was stört dich auf dem Schulhof?
   - Worum könntest du dich kümmern, damit es besser wird?

   Schreibe jede deiner Antworten auf einen Notizzettel.

2. Erstellt zwei Plakate und heftet eure Zettel daran.

3. Einigt euch darauf, was euch am wichtigsten ist. Die Klassensprecher können dann eure Ideen im Kinderparlament vorstellen, damit in allen Klassen gemeinsame Regeln vereinbart werden.

Fußballwörter lesen

Fuß Tor Eck Straf ball fahne bank

Triller Trainer raum wart pfeife meter

Ersatz Elf An Ein wurf stoß spieler

Das kann ich 2

1. Ich kann in einem Plan Informationen finden und Antworten zu Fragen aufschreiben.
   - An welchen Wochentagen gibt es Nudeln?
   - Saliha mag kein Fleisch. Welche Gerichte kann sie essen?
   - Welche Beilagen gibt es zum Hähnchenschnitzel?
   - Welche verschiedenen Soßen gibt es zu den Nudeln?
   - An welchem Tag gibt es zu jedem Gericht Reis?

Wald-Grundschule Speiseplan 12.–16. November	Essen 1	Essen 2
Montag	Nudeln mit Tomatensoße und Salat	Brokkoliauflauf mit Karottensalat
Dienstag	Hähnchenschnitzel mit Kartoffeln und Salat	Vollkornnudeln mit Gemüse
Mittwoch	Reis mit Würstchen	Tomatenreis mit Gurkensalat
Donnerstag	Makkaroni mit Käsesoße	Gemüsepfanne mit Vollkornreis
Freitag	Schinkenauflauf	Pfannkuchen mit Apfelmus

Seite 214

2. Ich kann in Stichwörtern aufschreiben, was mir in meiner Schule besonders wichtig ist.

Seite 220

3. Ich kann Sätze aufschreiben und das Subjekt (Satzgegenstand) blau und das Prädikat (Satzkern) rot unterstreichen.

Paul nimmt Azem den Stift weg. Er ist gemein.
Ich spiele Fußball im Verein.
Jeden Mittwoch fährt mich meine Mutter zum Training.
Die Frühstückstasse ist in tausend Stücke zerbrochen.
Oma sitzt gerne auf der Bank im Garten.

Seite 230

4. Ich kann mit den Wortbausteinen -ung, -heit, -keit Nomen bilden.

drehen fröhlich hoffen heiter erzählen dumm sammeln frei
ordnen feucht entwickeln erwarten führen ehrlich sauber

Seite 226

5. Ich kann die Sätze mit passenden Fürwörtern (Pronomen) aufschreiben.

Julia und Cem besuchen Tim. ___ möchten zusammen spielen.
Tim hat eine Idee. ___ schlägt vor: „Wollen ___ im Garten spielen?“
___ gehen in den Garten und überlegen, was ___ zuerst spielen.
___ dauert einige Zeit, bis sich die drei einigen. Nun kann ___ losgehen.
Dann entscheiden ___ sich, etwas anderes zu tun. „Kommt, ___ gehen auf den Spielplatz“, sagt Julia. ___ rennen los.

Seite 228

6. Ich kann Satzglieder umstellen und die Sätze aufschreiben.

Meine Eltern kommen zum Schulfest.
Lisa und Lena spielen heute mit ihrem Hund.
In den Ferien kümmert sich Luis um die Katze seines Freundes.

Seite 230

7. Ich kann Wörter zu einer Wortfamilie aufschreiben und den Wortstamm markieren. fahren Erzählung fühlen

Seite 229

Fotos erzählen

Das ist Oma.

Das ist Mama.

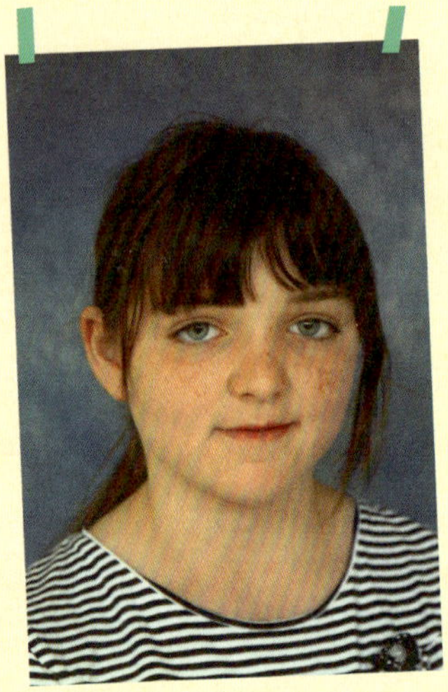

Das bin ich.

Die Oma ist auch Mama,
aber die Mama ist noch nicht Oma.
Wenn Mama Oma ist, bin ich Mama.
Und vielleicht werde ich ja auch mal Oma.
Dann ist Mama Uroma und Oma Ururoma.
Ist doch ganz einfach. Oder?

1919

1956

1974

2007

1914

1956

1979

2005

Vom Fotoapparat zur Digitalkamera

Hast du auch eine Digitalkamera? Ist ja auch eine praktische Sache. Klick, klick – fertig. Und nach jedem Klick kannst du dir das Bild ansehen.
Früher hieß die Kamera noch Fotoapparat. Der war ganz schön schwer und groß und passte in keine Hosentasche. Er baumelte in einer umgehängten Ledertasche vor dem Bauch und wurde für jedes Foto extra ausgepackt. In diesen Fotoapparaten gab es keine Speicherkarte für die Bilder. Und ansehen konnte man sie auch nicht nach jedem Klick. Das war alles viel komplizierter – und spannend.
Früher musste man in einem Fotogeschäft Filme kaufen, das waren aufgerollte Streifen. Die Filmrolle wurde in den Fotoapparat eingelegt, erst dann konnte fotografiert werden. Auf eine Rolle passten 24 oder 36 Bilder und in den Urlaub hat man nicht mehr als zwei oder drei Filme mitgenommen. So viele Bilder machst du mit deiner Digitalkamera vielleicht an einem einzigen Tag.
Jeder Fotograf überlegte sehr genau, was er fotografieren wollte. Die Filmrollen wurden in ein Fotogeschäft gebracht und der Verkäufer sagte, man solle in einer Woche wiederkommen. Die Spannung stieg, bis man nach einer Woche die Tüten mit den Bildern im Fotogeschäft bezahlen und mitnehmen konnte.

Zu Hause wurden dann endlich die Tüten aufgemacht. Erst jetzt konnte man sehen, was man eigentlich fotografiert hatte und ob die Bilder gut geworden waren. Natürlich waren nicht alle Bilder ganz toll geworden, mal hat jemand gewackelt und dann war alles ein wenig verschwommen. Wenn die ganze Familie beisammensaß, hatten alle beim Ansehen der gelungenen und der verschwommenen Bilder einen Riesenspaß. Später wurden die schönsten oder lustigsten Bilder in ein Fotoalbum geklebt.
Und wenn die Familie nach langer Zeit so ein Fotoalbum aus dem Schrank holte, um sich alle Bilder noch einmal anzusehen, erinnerten sich alle und dann lachten sie miteinander und immer wieder hörte man den Satz, der so begann: „Weißt du noch …?“

1. Die Fotografie hat sich verändert. Suche im Text fünf Veränderungen. Schreibe in der Vergangenheit.
   Früher hieß die Kamera …

2. Überlegt euch Fragen rund um die Fotografie. Bildet zu jeder Frage eine Gruppe und schreibt eine ausführliche Antwort auf eure Fragen. Bilder können eure Arbeit noch ergänzen. Wenn ihr alle Fragen mit den Antworten in einen Ordner heftet, habt ihr eure eigene Geschichte der Fotografie.

   Wie lange musste man stillstehen?

   Wie viel kostete ein Bild?

   Seit wann gibt es Fotos?

3. Gestaltet eine Plakatwand mit Fotos aus verschiedenen Zeiten. Kann man erkennen, in welcher Zeit die Fotos entstanden sind?

4. Kennst du zum Thema Fotografie eine lustige Geschichte? Erzähle oder schreibe sie auf.

Der kleine Ritter Trenk

So ein Festmahl hatte Trenk in seinem ganzen Leben noch nicht erlebt. Am Schluss kam sogar noch der Oberkoch mit einer riesigen Burg aus Marzipan in den Saal, da durfte sich jeder abschneiden und verspeisen, was er wollte. Das war ein Geschmatze und Geschlucke und Gerülpse, denn bei den Rittern herrschten damals bei Tisch noch ziemlich raue Sitten.

Und weil Trenk so sehr mit dem Essen beschäftigt war, bemerkte er zuerst auch gar nicht, dass plötzlich von einem der Türme laut das Horn ertönte und danach der Ruf „Alarm! Alarm!“.

Als er sah, wie die gesamte Tafelrunde aus dem Saal rannte mit gezückten Schwertern in der Hand, rannte Trenk ihnen nach. Alle starrten wie angewurzelt auf das Burgtor, gegen das jetzt mit aller Wucht von draußen ein Rammbock donnerte.

Da sah Trenk plötzlich, wie zuerst eine Hand auf der Mauerkrone erschien und sofort danach eine zweite. Nun schwang sich auch noch ein Bein über die Mauer – und dann saß plötzlich ein Krieger im Kettenhemd nur zwei Schritte von Trenk entfernt zwischen den Zinnen.

Da begriff Trenk, dass die Angreifer kluge Leute waren, die das Burgtor nur deshalb mit dem Rammbock bearbeiteten, damit sich alle Verteidiger der Burg unten im Hof versammeln und sie dort erwarten sollten, während sie in Wirklichkeit gleichzeitig an einer ganz anderen Stelle über die Mauer kletterten, um gemein und überraschend von hinten anzugreifen.

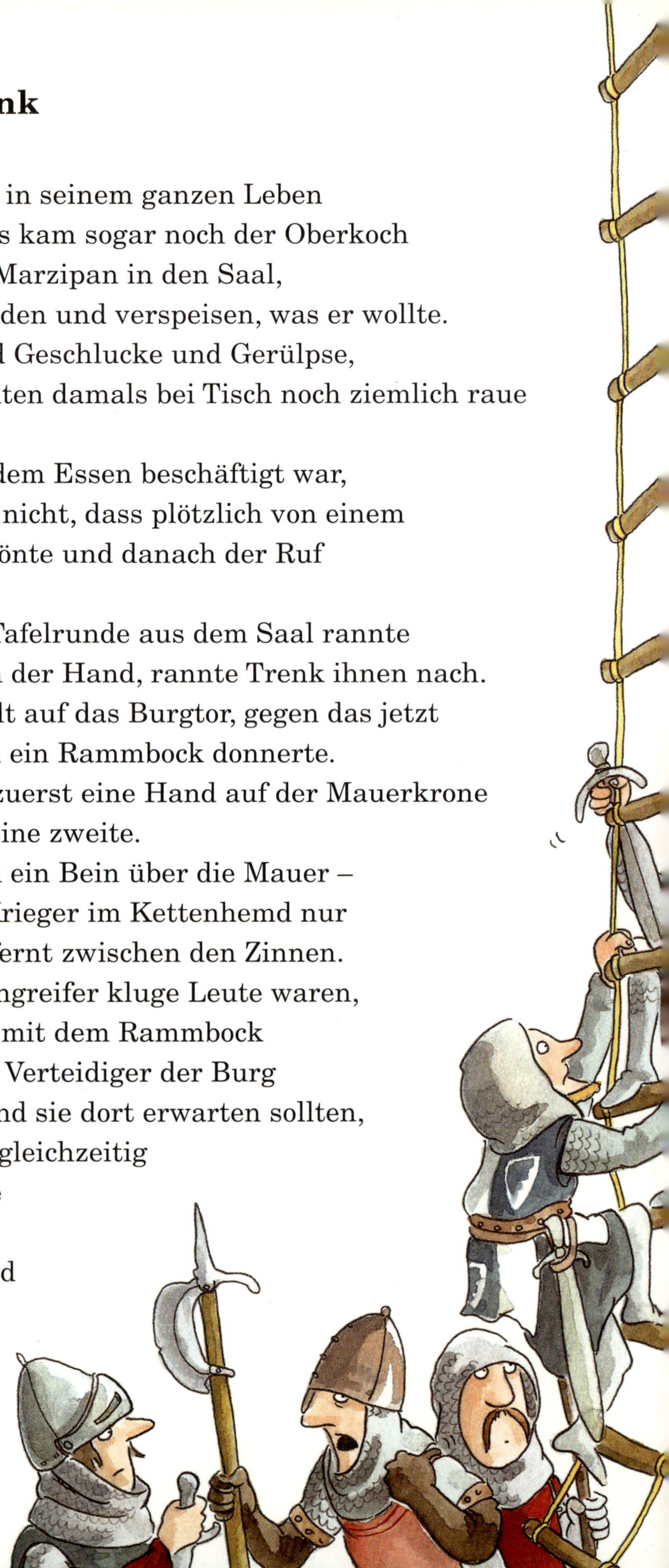

„Achtung! Achtung! Achtung!“, brüllte Trenk, aber das Einzige, was passierte, war, dass jetzt der Krieger auf der Mauer auf ihn aufmerksam wurde und mit einem richtig bösen Grinsen sein Schwert aus der Scheide zog. Trenk dachte schon, dass jetzt sein letztes Stündlein geschlagen hätte. Aber er war kein Dummkopf, der abwartete, bis jemand kam, um ihm eins überzuziehen.

„Das habt ihr euch wohl so gedacht, ihr Saubeutel!“, rief er und mit diesen Worten löste er den Enterhaken von der Mauer. Da sackte die Strickleiter lautlos nach unten und die Krieger, die eben noch so siegesgewiss auf ihren Sprossen nach oben gestiegen waren, purzelten mit.

Und als die anderen Krieger sahen, was passiert war, gab es ein fürchterliches Durcheinander und Geschrei. Die Krieger am Burgtor ließen den Rammbock Rammbock sein und gaben Fersengeld, denn so hieß das damals. Da lag die Burg wieder ruhig und friedlich unter einem goldenen Abendhimmel. Und Trenk dachte, dass das für seinen ersten Tag als Ritterlehrling gar nicht so schlecht gewesen war.

Kirsten Boie

1. Werdet Ritter-Experten und beantwortet die Fragen.
- Woher kommt das Wort Ritter?
- Was gehörte zur Ritterrüstung?
- Was aßen die Menschen damals?
- Welche Spiele kannten die Kinder?

Das Wort Ritter kommt von dem Wort Reiter, da sie erst einfache Krieger auf Pferden waren.

2. Ihr habt viel über Ritter geforscht. Wie seid ihr an eure Ritter-Informationen gekommen?
- Welches Material habt ihr verwendet?
- Wo habt ihr es gefunden?
- Welches Material hat euch am besten geholfen?

Im Bilderbuchmuseum

Das Bilderbuchmuseum in Troisdorf ist das einzige Museum für Bilderbücher in Europa.
Es entstand 1982, als der Troisdorfer Kaufmann Wilhelm Alsleben der Stadt seine Sammlung mit über 300 historischen Bilderbuch-Originalillustrationen und einigen Tausend modernen Bilderbüchern schenkte.
Das älteste Bilderbuch im Museum ist mehr als hundert Jahre alt. Es ist 1909 erschienen.

Im Sommer 2011 gab es eine Ausstellung über einen der ältesten Comics in Deutschland.
Es gibt ihn schon seit mehr als 60 Jahren.
Die Hauptfigur heißt Mecki.

Dieses Bilderbuch kannten schon deine Urgroßeltern.
Heinrich Hoffmann hat es 1845 hat geschrieben.

Seit 2002 ist in dem Museum auch eine einmalige Rotkäppchen-sammlung zu sehen.
In jedem Jahr wird auch der Bilderbuchpreis vergeben.

Öffnungszeiten
Di – So: 11 – 17 Uhr, Montag geschlossen

Eintritt
Erwachsene 2,50 €, Kinder (4 – 14 Jahre) 1 €
Familientageskarte 7 € (Eltern mit 3 und mehr Kindern)
Familientag: Samstag haben Kinder in Begleitung von Erwachsenen freien Eintritt.

Eintritt mit Führung
Kinder (4 – 14 Jahre) 2 €, Jugendliche (15 – 18 Jahre) 3 €
Begleitpersonen zahlen 2,50 €, Erwachsene (pauschal bis 20 Pers.) 35 €, zzgl. 1,50 € Museumseintritt pro Person

1. Kinder einer Grundschule in Köln planen einen Ausflug.
- An welchem Tag kann die Klasse den Ausflug nicht machen?
- Wie viel Geld müssen sie mindestens einplanen?
- Was ist eine Begleitperson?

2. Ihr kennt auch viele Bilderbücher. Ihr könnt …
… eine eigene Ausstellung machen.
… eure Eltern oder Großeltern fragen, welche Bilderbücher sie schon als Kinder gelesen haben.
… ein Bilderbuch aussuchen und es vorstellen.
… etwas über den Autor erzählen.
… einen Bilderbuchpreis in eurer Klasse vergeben.

3. Museen sind Räume, in denen bedeutsame und lehrreiche Gegenstände gesammelt und ausgestellt werden.
Welche Museen gibt es in der Nähe deiner Schule?
Welche Museen kennst du und hast du schon besucht?

4. Es gibt einige Museen für Kinder und Jugendliche. Informiere dich:
www.bv-kindermuseum.de

Einfache und zusammengesetzte Vergangenheit

Heute waren wir im Bilderbuchmuseum. Zuerst fuhren wir mit dem Zug nach Troisdorf. Die Museumsführerin erklärte uns, wann das Museum entstanden ist und was man alles entdecken kann. Alle bekamen eine Eintrittskarte. Dann gingen wir in das Museum …

Heute sind wir im Bilderbuchmuseum gewesen. Zuerst sind wir mit dem Zug nach Troisdorf gefahren. Die Museumsführerin hat uns erklärt, wann das Museum entstanden ist und was man alles entdecken kann. Alle haben eine Eintrittskarte bekommen. Dann sind wir in das Museum gegangen …

1. Marie schreibt und erzählt.
Schreibe die Verben aus beiden Texten heraus und vergleiche sie.
waren – sind gewesen

Verben können in zwei Vergangenheitsformen stehen:
einfache Vergangenheit: ich spielte, ich rannte, …
zusammengesetzte Vergangenheit: ich habe gespielt, ich bin gerannt, …

2. Schreibe den folgenden Text in der einfachen Vergangenheit auf.

Heute veranstaltet die Klasse 3d ein Fest. Die Kinder laden Eltern, Lehrer und Geschwister ein. Die Eltern verkaufen Kaffee und Kuchen. Die Kinder führen ein Theaterstück vor. Auf dem Spielplatz klettern sie, spielen Fußball oder sitzen zusammen. Zur Erinnerung bekommen alle ein Bild von der gesamten Klasse.

Wenn du etwas erzählst, verwendest du die zusammengesetzte Vergangenheit. Wenn du etwas aufschreibst, solltest du die einfache Vergangenheit benutzen.

Wir veranstalten ein Klassenfest. Viele Kinder laufen gleich zu den Spielständen. Sie warten geduldig auf den Start. Auf dem Luftkissen springen nur große Kinder. Dort ist es besonders laut und wild. Beim Dosenwerfen treffen nur geschickte Werfer. Kleine Kinder malen auf Papierbahnen ihre Traumstadt. Ein Kind bastelt Indianerschmuck. Nach vier Stunden gehen alle müde nach Hause.

3. Für die Schülerzeitung erzählt Noam vom Klassenfest. Ordne die Verben in der zusammengesetzten Vergangenheit ein.

veranstalten, laufen, warten, springen, sein, treffen, malen, basteln, gehen

haben	sein
wir haben veranstaltet ...	sie sind gelaufen

4. Schreibe diese Verben in den verschiedenen Zeitstufen auf. Kontrolliere mit der Wörterliste.

klettern, schwimmen, träumen, verpacken, blicken, führen, kriechen, setzen, streiten

Gegenwart	einfache Vergangenheit	zusammengesetzte Vergangenheit
ich klettere	ich kletterte	ich bin geklettert

5. Suche dir 5 Verben aus und schreibe Sätze in der Vergangenheit auf.

Immer längere Sätze lesen

Ich habe gesucht.
Ich habe dich gesucht.
Ich habe dich gestern gesucht.
Ich habe dich gestern im Garten gesucht.
Ich habe dich gestern überall im Garten gesucht.

Ich bin lange mit Maren im Park um die Wette gelaufen.
Ich bin lange mit Maren im Park gelaufen.
Ich bin lange mit Maren gelaufen.
Ich bin lange gelaufen.
Ich bin gelaufen.

Mittwochs darf ich spielen

Nun kommt Tante Pia bei mir einhüten und dabei ist sie noch nie meine Lieblingstante gewesen. Aber Papa will Mama unbedingt mit auf seine Dienstreise nehmen und da brauchen sie einen für mich.

Montag

Als ich nach Hause gekommen bin, war das Mittagessen fertig, aber das war ja auch keine Kunst. Tante Pia brauchte schließlich nur aufzutauen, was Mama schon vorgekocht hatte.
„Wir haben keine Hausaufgaben auf“, hab ich gesagt.
„Prima!“, hat Tante Pia gesagt. „Dann kannst du ja nach dem Essen gleich spielen gehen.“
„Spielen?“, hab ich gefragt. Man hat gleich gemerkt, dass Tante Pia sich nicht auskennt. Vielleicht hätte sie sich von Mama doch besser alles erklären lassen sollen, nicht nur die Tiefkühltruhe.
„Wir müssen zuerst doch noch Lesen üben!“
„Nee, Fabia, geh du man spielen“, hat Tante Pia gesagt. „Wenn du keine Hausaufgaben hast, werde ich mich nicht krummlegen. Geh du man schön spielen, die Sonne scheint.“
Da bin ich beinahe wütend geworden, aber ich hab natürlich gewusst, dass es bei Tante Pia nicht lohnt. Die hatte sowieso schon wieder ihr Buch vor der Nase. Und ich hab gedacht, die eineinhalb Stunden bis zum Ballett krieg ich auch noch rum, und bin in mein Zimmer gegangen.
Um Viertel vor drei bin ich ganz leise die Treppe nach unten gegangen und da saß Tante Pia am Küchentisch und hat in ihrem Buch gelesen und bestimmt schon die zweitausendste Tasse Kaffee getrunken.
„Wir müssen jetzt los, Tante Pia!“, hab ich gesagt.
„Ich hab doch am Montag Ballett!“
„Ballett?“, hat Tante Pia gefragt. „In deinem Alter?“
Das war nun wirklich ziemlich blöde, weil ich schon zum Ballett gehe, seit ich zweieinhalb bin, zuerst in die Zwergengruppe und dann immer weiter.
„Ballett kann man auch schon mit zwei!“, hab ich darum gesagt.
Tante Pia hat mich ungläubig angesehen. „Man kann auch mit rohen Eiern jonglieren“, hat sie gesagt. „Blödsinn bleibt es deswegen trotzdem.“

Und sie hat in ihr Buch geguckt auf so eine Weise, dass ich gewusst habe, ich krieg sie davon nicht mehr weg.
Da bin ich so wütend gewesen, dass ich gedacht habe, gleich muss ich platzen. Montag ist Ballett-Tag!

Dienstag

Ich weiß gar nicht, wie ich so dumm sein konnte zu glauben, der Dienstag würde sein wie immer, wo ich Tante Pia doch nun kannte. Weil sie mich natürlich nicht zum Flöten gebracht hat am Dienstagnachmittag und das war ja klar.
„Aber ich kann doch das Flöten nicht auch ausfallen lassen!“, hab ich gerufen. „Ich war doch gestern schon nicht beim Ballett!“
„Ballett, Ballett!“, hat Tante Pia gesagt. „Und wozu musst du Blockflöte spielen? Macht dir das denn überhaupt Spaß?“
Darüber hatte ich noch nie so genau nachgedacht, aber es gehört eben einfach dazu. Ich gehe zum Flöten, seit ich fünf Jahre alt bin und Mareike geht auch und Annette und seit Weihnachten geht sogar Isgard. Weil wir da nämlich immer bei der Weihnachtsfeier im Gemeindesaal flöten dürfen und vorher telefonieren unsere Mütter hin und her, was wir am besten anziehen sollen und ob wir die Haare offen tragen nur mit einem Haarreifen, weil das so schön weihnachtlich aussieht, oder lieber hochgesteckt, mehr so ganz streng und ernst.
Also Flöten gehört einfach dazu.

Mittwoch

Am Mittwochmorgen bin ich in der Schule mit Lesen drangekommen und da konnte ich es nicht. Das ist mir zum ersten Mal passiert, zum allerersten Mal, sonst hatte ich ja immer geübt; aber am Dienstag hatte ich das nicht gemacht, und das war alles Tante Blöd-Pias Schuld.

Da hätte ich beinah geweint. Ich bin also ziemlich wütend nach Hause gekommen und da saß Tante Pia natürlich wieder mit ihren Büchern am Küchentisch.

„Hast du für heute Nachmittag was abgemacht?“, hab ich gefragt.

„Was?“, hat Tante Pia gefragt.

„Eine Verabredung getroffen“, hab ich gesagt. „Von meiner Liste! Die hat Mama dir doch extra noch hingelegt!“

Tante Pia hat mich angestarrt, als ob ich verrückt wäre.

„Bitte, Fabia?“, hat sie gesagt. „Erklär das mal näher.“

„Mein schöner Mittwoch!“, hab ich gebrüllt. „Morgen ist wieder Tennis und Freitag ist Hockey, aber mittwochs darf ich immer nur spielen!“

„Und durftest du gestern nicht?“, hat Tante Pia gefragt. „Und vorgestern? Meinetwegen darfst du auch morgen, dir gehört die Welt.“

Kirsten Boie

1. Was, glaubst du, passiert am Donnerstag oder Freitag? Erzähle.

2. Schreibt eure Termine für die kommende Woche auf. Vergleicht eure Terminpläne miteinander.

3. Erkan hat seine Termine auf Notizzetteln an der Pinnwand gesammelt. Schreibe auf, woran er denken muss.

wöchentlich	immer	täglich	bald
Montagnachmittag: Tennis			

Termine – Termine – Termine

Täglich daran denken: Mit dem Hund rausgehen!

1. und. 3. Mittwoch im Monat Chor

Sonntag: 16.00 Uhr Theater!

Dienstag, 15.30 Uhr: Zahnarzt

12.09.: Geburtstag Onkel Jakob

Montagnachmittag Tennis

Sätze verändern

Saras Termine

Sara geht am Montag zum Chor.
Sara geht nach dem Chor noch einkaufen.
Sara trifft sich jeden Dienstag zum Badminton.
Sara geht dann um 18.00 Uhr zur Nachbarin und hütet das Baby.
Sara trifft sich am Mittwoch mit ihren Freundinnen.
Sara geht am Donnerstag turnen.
Sara holt anschließend ihre Mutter von der Arbeit ab.
Sara geht jeden Freitag zur Theater-AG.
Sara geht am Samstag zum Fußballtraining.
Sara hat am Sonntag manchmal ein Fußballspiel.

1. Der Text ist langweilig geschrieben. Jeder Satz fängt gleich an.
   Stelle die Satzglieder um und schreibe deine Sätze auf.
   Am Montag geht Sara zum Chor. Nach dem Chor geht Sara …

2. Lies dir die Sätze laut vor und achte auf die Veränderungen.
   Was wird betont im Satz? Ändert sich die Satzart?

3. Prüfe, ob du Wiederholungen vermeiden kannst.
   Für Nomen kannst du auch Fürwörter (Pronomen) einsetzen.
   Schreibe deinen überarbeiteten Text auf.
   Am Montag geht Sara zum Chor. Nach dem Chor geht sie …

Prüfe, ob du am Satzende das richtige Satzzeichen verwendet hast.

★ 4. Wie viele Sätze kannst du aus diesen Satzteilen bilden?
   Schreibe sie auf. Unterstreiche das Subjekt (Satzgegenstand) blau
   und das Prädikat (Satzkern) rot.

der Junge | trainiert | mit seinem Freund | für das nächste Turnier

die Klasse | probt | das Theaterspiel | für den Elternnachmittag

Medien unterhalten und informieren

Montag
7.00 – 7.30 Uhr: Musik im Radio
13.45 – 14.05 Uhr: KIKA, Mimis Plan
16.00 – 16.30 Uhr: mit Max am Computer gespielt
16.45 – 17.15 Uhr: gelesen: Paule ist ein Glücksgriff
19.50 – 20.00 Uhr: KIKA, logo!
20.00 – 20.15 Uhr: im Bett Buch von Paule gelesen, dazu Musik von CD gehört

	Mo	Di	Mi	Do	Fr	Sa	So
Fernsehen	30 min	90 min	45 min	30 min	60 min	90 min	30 min
Computer	30 min	–	90 min	–	60 min	–	–
Bücher	45 min	60 min	30 min	–	90 min	45 min	30 min
Zeitschrift	–	20 min	–	45 min	–	–	15 min
Radio	30 min	–	–	45 min	–	–	–
CD	15 min	30 min	15 min	30 min	–	45 min	30 min
Kino	–	–	–	–	–	–	90 min

Radio, Internet und mehr

So sahen Radios vor ungefähr 60 Jahren aus

„Hier ist Berlin, Voxhaus!“ Mit diesen Worten meldete sich am 28. Oktober 1923 der erste Rundfunksender in Deutschland mit seinem Programm.
Zuvor hatte es schon einzelne Sendungen gegeben, aber erst jetzt begann der Siegeszug des Radios.
Am 1.1.1924 gab es in Deutschland 1580 angemeldete Radiohörer, genau ein Jahr später waren es bereits 548 749.

1. Welche Kindersendungen im Radio kennst du?
   Informiere dich auch im Internet.

Bayern 2: www.br-online.de/kinder/radio-tv/radiomikro

RBB: www.ohrenbaer.de

WDR: www.kiraka.de

Deutschlandradio: www.kakadu.de

2. Erzähle, welche Radiosendung oder welche Internetseite dir besonders gut gefallen hat.

Seitenstark gibt dir einen Überblick über Internetseiten, die für Kinder geeignet sind.

www.seitenstark.de

Internetadressen findest du auch mithilfe einer Suchmaschine. Diese beiden Suchmaschinen für Kinder können für dich hilfreich und interessant sein.

Blinde Kuh

www.blinde-kuh.de

www.helles-koepfchen.de

3. Überlegt euch in Gruppen ein Thema.
Probiert mit mehreren Suchmaschinen aus, welche Informationen ihr dazu bekommt.

4. Welche Kinderzeitschriften kennt ihr?
Erzählt von einem besonders interessanten Beitrag.

★ **5.** Auch Kinderzeitschriften haben eine Internetseite.
Informiere dich.
www.geo.de/_components/GEO/info/GEOmini/
www.spiegel.de/thema/dein_spiegel/
www.treffmagazin.de

Zusammengesetzte Nomen

Maschine   suchen   Suchmaschine

1. Schreibe die Namen der Maschinen auf.

suchen   spülen   schreiben   nähen
rechnen   **Maschine**   waschen

2. Bilde zusammengesetzte Nomen.
Schreibe so: turnen – Verein – Turnverein

schreiben   drehen   essen   baden   lesen
rennen   schwimmen   turnen
Ecke   Fehler   Löffel   Pferd   Strand
Stuhl   Unterricht   Verein

Aus Verben und Nomen kannst du zusammengesetzte Nomen bilden. So kannst du etwas genauer benennen. Zusammengesetzte Nomen werden großgeschrieben.

3. Zerlege in Verb und Nomen.
Setze den Artikel dazu.
Schreibe so: die Gießkanne: gießen, die Kanne, ...
die Gießkanne, der Badesee, der Fahrstuhl, die Hängematte, die Drehbrücke, der Treffpunkt, der Kochlöffel

4. Setze auch diese Wörter zusammen.
Markiere die zwei gleichen Buchstaben: fahren – Rad – Fahrrad

fahren – Rad   schreiben – Block   lesen – Ecke   leuchten – Turm

Lautexperten verlängern

Wenn du am Wortende t, k oder p hörst, musst du aufpassen.
Um sicher zu sein, wie das Wort geschrieben wird,
musst du es verlängern.

1. Verlängere die Nomen, indem du die Mehrzahl bildest.
Markiere die schwierigen Stellen: der Brand – die Brände

der Bran■ das Lau■ das Lie■ der Stran■ der Käfi■

der Han■ der Kor■ die Geburtsta■

das Flugzeu■ der Die■ das Lan■

2. Verlängere die Adjektive.
Markiere die schwierigen Stellen: blind – die blinde Frau

blin■ gesun■ drecki■ fleißi■ wil■

hungri■ schwieri■ ruhi■ wichti■ spannen■

3. Verändere die Verben, indem du die Grundform bildest.
Markiere die schwierigen Stellen: er biegt– biegen

er bie■t er schie■t sie schwei■t sie wie■t er sprin■t

Verlängerte Wörter lesen

Riesen	Handballweltmeisterschaftsendrundenteilnehmer
Riesenrad	Handballweltmeisterschaftsendrunden
Riesenradbewegung	Handballweltmeisterschaft
Riesenradbewegungsrichtung	Handballweltmeister
Riesenradbewegungsrichtungswechsel	Handballwelt
Riesenradbewegungsrichtungswechselschalter	Handball
Riesenradbewegungsrichtungswechselschalterstelle	Hand

Paule ist ein Glücksgriff

Bei anderen Kindern ist alles ganz einfach. Sie wachsen bei einer Frau im Bauch und dann werden sie geboren und die Frau nimmt sie mit nach Hause und die ist dann auch ihre Mutter. Und wenn sie Glück haben, sind da meistens noch ein Vater und vielleicht auch Geschwister oder ganz vielleicht sogar ein Hund.

Bei Paule ist das alles anders. Einen Hund hat er sowieso nicht, klar, obwohl er sich den nun wirklich schon lange genug gewünscht hat und ihn ganz bestimmt auch immer spazieren führen würde und füttern und einmal im Monat sogar abseifen, damit er nicht stinkt. Und Geschwister hat er auch nicht. Natürlich hat Paule Mama und Papa. Aber das ist es eben. Die sind auch nicht so wie bei anderen Kindern. Sie haben Paule aus einem Heim geholt, als er ganz winzig war, nicht aus Mamas Bauch.

„Du warst ein Glücksgriff“, sagt Papa, wenn er mit Paule Fußball spielt und eine Pause machen muss, weil er nicht mehr kann.

„Stell dir vor, sie hätten uns einen Jungen gegeben, der nicht Fußball spielen mag!“ „Oder ein Mädchen“, sagt Paule. Aber Papa mag Mädchen und sagt, es gibt auch welche, die Fußball spielen.

„Ein Mädchen holen wir uns auch noch mal irgendwann“, sagt Papa. „Aber erst mal einen Fußballer, darauf musste ich bestehen.“

Mit Papa ist also meistens alles in Ordnung.

Mit Mama eigentlich auch. Außer dass sie immer so aufpasst, dass Paule seine Hausaufgaben macht und dass sie nicht will, dass er Schokolade isst, weil davon die Zähne schlecht werden, und dass sie nicht mag, wenn er zu viel Fernsehen anguckt.

Also meistens ist es Paule ziemlich egal, aus welchem Bauch er gekommen ist, aber manchmal eben auch nicht.

Manchmal würde er schon gern wissen, wie die Frau aussieht, in der er gewachsen ist. „Wenn du noch ein bisschen älter bist, suchen wir sie mal“, sagt Mama. „Wir wissen ja gar nicht, wo sie wohnt.“

Paule würde gern wissen, warum sie mit dem Suchen nicht jetzt schon anfangen, aber so wichtig ist das nun auch wieder nicht.

Natürlich war da auch noch ein erster Vater. Das war der Mann, den die Frau lieb gehabt hat, in der Paule dann später gewachsen ist. Das war ein Student aus Somalia, hat Papa erzählt und ihm Somalia auf dem großen Globus gezeigt, in dem leider schon seit längerer Zeit die Glühbirne kaputt ist. Somalia liegt in Afrika und deshalb ist Paule so braun.

„Es ist ungerecht“, sagt Mama im Sommer immer, wenn sie wieder zwei Stunden dick eingeölt in der Sonne gelegen hat und überall krebsrot aussieht. „Du tust gar nichts und hast eine Haut wie Apollo, und ich opfere Stunden meines Urlaubs und alles, was herauskommt, ist eine abgepellte Nase.“ Paule weiß nicht, wer Apollo ist, aber das mit Mamas Nase stimmt genau. Drei Tage lang kann sie sich kleine weiße Fetzen abzupfen und das sieht wirklich nicht schön aus.

Leider ist Paules Familie ziemlich klein. Zum Glück gibt es genug andere Kinder da, wo Paule wohnt. Am besten ist, dass gleich im Nebenhaus Andreas wohnt. Es macht viel mehr Spaß, Sachen mit einem Freund zu machen. Es ist überhaupt ganz schön da, wo Paule wohnt, er möchte gar nicht woanders sein.

Nur einen Bruder möchte er noch und bestimmt einen Hund.

Kisten Boie

1. Kinder wachsen bei einer Frau im Bauch.
   Wenn du x hörst, musst du aufpassen.
   Der x-Laut wird unterschiedlich geschrieben.
   Ordne die Wörter in die Tabelle ein.

Fuchs Taxi mixen Keks Text Gewächs

boxen wachsen links wechseln

x	chs	ks
Taxi	...	...

2. Ergänze die Tabelle, zum Beispiel mit verwandten Wörtern

Ein Gespräch mit Kirsten Boie

Als ich in der dritten Klasse war,

- waren wir 42 Kinder in der Klasse, alles nur Mädchen, und unsere Lehrerin hieß Frau Riel und war die Netteste von allen;

- haben wir mit unserer Klasse einen Ausflug mit dem Schiff gemacht, auf der Elbe; und meiner besten Freundin Karin fiel ihr neuer Anorak ins Wasser und ging unter und ich musste sie ganz lange trösten;

- bekam unser Hamster Dropsi (der ein Männchen war, bestimmt!) plötzlich elf kleine Hamsterbabys und fraß sieben von ihnen auf. Da konnte ich ihn gar nicht mehr lieb haben;

- hatte ich ganz schöne Sommerferien auf dem Land;

- habe ich bestimmt in der Schule viel gelernt. Aber daran kann ich mich nicht mehr erinnern, kein klitzekleines bisschen mehr!

Wieso ich Bücher schreibe

Wieso ich Bücher schreibe? Das ist ganz zufällig gekommen. Eigentlich bin ich nämlich Lehrerin gewesen, richtig gerne. Aber dann habe ich ein Baby adoptiert – ihr wisst ja sicher, was das ist – und da durfte ich dann nicht mehr arbeiten. Aber nach einer Weile haben mir die Kinder in der Schule so gefehlt! Da hab ich dann eben überlegt, was ich zu Hause machen kann. Was auch mit Kindern zu tun hat. Und eines Tages, als ich meinem Sohn die Flasche gegeben habe, sind mir plötzlich die ersten Sätze zu meinem ersten Buch eingefallen, einfach so.
Daraus ist dann mein erstes Buch geworden: Paule ist ein Glücksgriff. Das ist auch eine Geschichte von einem adoptierten Jungen, aber alles ist ausgedacht. Mein Sohn war damals ja noch ein Baby. Und der Junge in der Geschichte geht schon in die Schule. Überhaupt sind meine Geschichten alle erfunden.

Wie eine Geschichte entsteht

Meine Geschichten schreibe ich am Küchentisch und das geht so: Zuerst habe ich irgendwann eine Idee: Wenn ich im Garten Unkraut zupfe, zum Beispiel. Oder wenn ich Hosen bügle oder Fahrrad fahre oder Geschirr abwasche.
Über die Idee denke ich dann nach: Wenn ich einkaufen gehe oder das Mittagessen koche oder unseren Keller aufräume. Und irgendwann – ganz plötzlich! – fällt mir dann der erste Satz für meine Geschichte ein.
Dann setze ich mich an den Küchentisch und fange an, zu schreiben und schreibe jeden Tag, bis die Geschichte fertig ist. Und das kann lange dauern.
Danach kommt leider noch der grässliche Teil. Weil meine Schrift so fürchterlich ist, muss ich mich noch mal hinsetzen. In meinem Arbeitszimmer. An den Computer. Da tippe ich alles ordentlich ab: Und das kann noch länger dauern. Aber was sein muss, muss sein.

Texte überarbeiten

„Knack“, macht es ganz leise, als Lena sich auf die Bank setzen will, und sie hat das Geräusch noch nicht mal richtig gehört, da weiß sie auch schon, was es ist. Sie hat sich auf ihre Zahnspange gesetzt.

Wenn es „Knack“ macht, sitzt sie ja schon! → „setzt“

12.
„Auf deine Zahnspange gesetzt?“, fragt Mama ungläubig, als Lena nach Hause kommt. „Am zweiten Tag?“ Und sie hält hoch, was von der Zahnspange übriggeblieben ist. Zum Glück ist das Pferdebild heil geblieben. „Die hast du ja schnell kaputtgekriegt.“
„Das war doch aus Versehen!“, sagt Lena. Dass Mama nicht versteht, dass sie Lena jetzt trösten müsste! „Das mach ich doch nicht mit Absicht!“

!!!

Sowas

Vorschlag: Warum versteht Mama denn nicht ...

1. Diesen Text hat Kirsten Boie geschrieben und überarbeitet. Überlegt, warum sie die markierten Textstellen verändert hat.

Tipps für die Überarbeitung von Geschichten:

- Manchmal ist es gut, wenn du deine Geschichte einen Tag liegen lässt. Dann ist es leichter, sie zu verbessern. Du steckst dann nicht mehr so tief in der Geschichte und bist ausgeruhter.
- Lies dir deine Geschichte laut vor und markiere die Stellen, an denen du stockst.

2. Schreibe den folgenden Text ab. Verändere ihn dabei an den markierten Stellen.

Ich fuhr am Wochenende alleine mit dem Zug. Ich sollte München-Hauptbahnhof aussteigen. Neben mir telefonierte ein Mann mit seinem Handy. In meinem blauen Rucksack hatte ich ein kleines Geschenk. Ich sollte von Oma abgeholt werden. Er hielt an. Ich steige aus und ich konnte Oma nicht finden. Ich sehe ein großes Schild. Darauf stand: München-Ostbahnhof.

?

Ende?

Prüfe, ob die Geschichte in einer Zeitform geschrieben ist.

In der Schreibkonferenz

Nachdem du einen Text alleine überarbeitest hast, kannst du ihn noch mit anderen Kindern in einer Schreibkonferenz besprechen.

1. Lies die Geschichte anderen Kindern vor und lass sie dir nacherzählen.
Ist die Geschichte richtig erzählt worden?
Suche die Stellen, an denen in der Geschichte etwas fehlt oder unklar ist.

2. Sprecht darüber, ob in der Geschichte zu viel passiert. Vielleicht sind einige Stellen überflüssig.

3. Frage die anderen Kinder, ob sie noch Ideen und Vorschläge für die Geschichte haben.
Lass dir auch sagen, was sie besonders gut finden.

Tipps für die Schreibkonferenz:

- Die Zuhörer geben Hinweise so, dass sich der Autor einer Geschichte nicht angegriffen fühlt. Zum Beispiel: „Mir ist hier etwas unklar.“ Nicht: „Das hast du ganz durcheinander geschrieben.“
- Der Autor entscheidet selbst, welche Hinweise er für die Überarbeitung seiner Geschichte verwenden möchte.

Mit einem Mausklick

Wenn du deine Geschichte am Computer schreibst, kannst du den Text leicht ändern.

So kannst du **Buchstaben oder Wörter einfügen:**
Setze mit der Maus die Einfügemarke I an die gewünschte Stelle und schreibe.

So kannst du **Buchstaben und Wörter löschen:**
Setze mit der Maus die Einfügemarke I direkt vor die zu entfernenden Buchstaben. Wenn du die Taste Entf drückst, wird ein Buchstabe gelöscht.

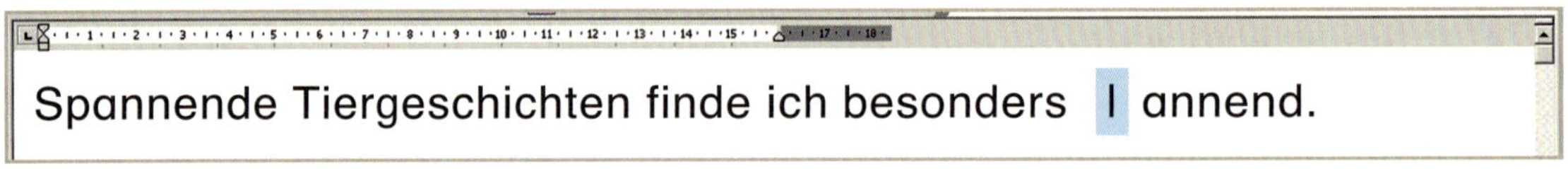

Oder setze mit der Maus die Einfügemarke I direkt hinter die zu entfernenden Buchstaben. Wenn du die Taste ← drückst, wird ein Buchstabe gelöscht.

Setze mit der Maus die Einfügemarke I in das zu entfernende Wort. Markiere es mit einem Doppelklick der linken Maustaste.
Drücke die Entf-Taste oder die ←-Taste, um das Wort zu löschen.

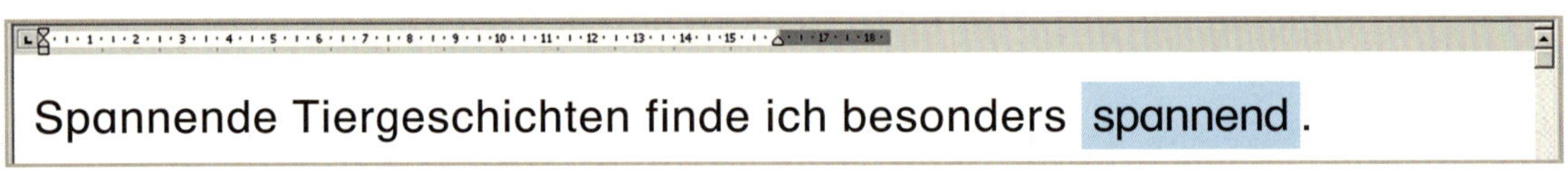

So kannst du **Wörter an eine andere Stelle setzen:**
Markiere die Wörter mit der gedrückten linken Maustaste.
Drücke die ✂ -Taste. Die Wörter sind entfernt.
Setze mit der Maus die Einfügemarke | an die gewünschte Stelle und drücke dann auf das Feld 📋. Die Wörter werden eingefügt.

So kannst du **Fehler erkennen und verbessern:**
Manchmal sind im Text einige Wörter rot unterkringelt.
Der Computer zeigt dir damit, dass du bei diesen Wörtern Fehler gemacht hast. Er kann dir auch Vorschläge machen, wie du verbessern kannst.

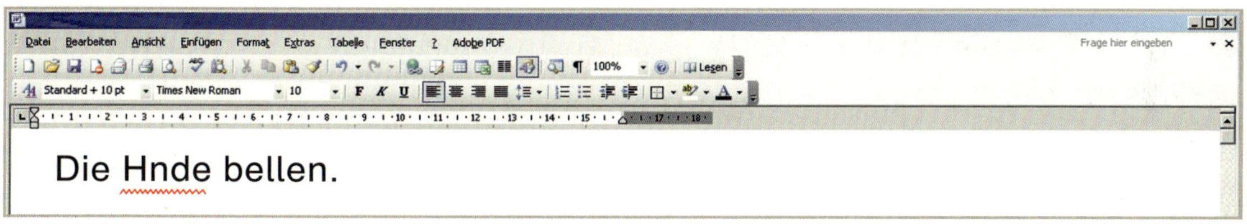

Klicke das unterkringelte Wort mit der rechten Maustaste an.
Es erscheint ein Feld, in dem dir eine Auswahl richtig geschriebener Wörter angeboten wird.
Der Computer schlägt hier die Wörter Hände und Hunde vor.
Klicke nun Hunde an, um den Fehler zu verbessern.

Achtung! Der Computer zeigt keinen Fehler an, wenn du so geschrieben hast: Die Hände bellen.
Das Wort Hände gibt es ja und es ist richtig geschrieben.
Der Computer weiß nicht, was du schreiben wolltest, und er weiß auch nicht, dass Hände nicht bellen.

1. Schreibe einen eigenen Text mit dem Computer.
Probiere die verschiedenen Möglichkeiten aus.

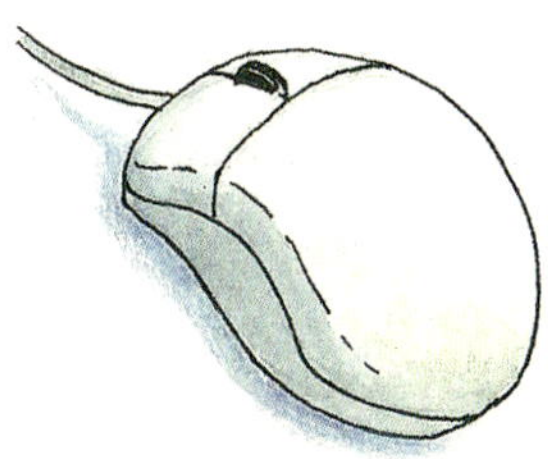

Das Gespenst im Gurkenglas

Ich bin der Gurkerich. Wer mich entdeckt ...
... muss sich auch um mich kümmern.
Klar. Gerne! Was muss ich tun?
Ich brauche jeden Tag ein frisches Gurkenglas.
Ich brauche viel Ruhe ...
... und jetzt möchte ich wieder schlafen.
Ich auch!

Daniela Kulot-Frisch

Ein Comic besteht aus Bildern und kurzen Texten. Meistens können nicht nur Menschen, sondern auch Tiere und Fantasiefiguren sprechen.

In den Sprechblasen steht, was sie sagen.

In den Gedankenblasen steht, was sie denken.

Über oder unter den Bildern stehen manchmal Zwischentexte mit zusätzlichen Erläuterungen.

1. Suche im Comic Sprechblasen, Gedankenblasen und Zwischentexte. Lies deinem Partner je ein Beispiel vor.

2. Was könnte Willi mit dem Gurkerich erleben? Schreibe deine Geschichte auf.

Wörtliche Rede

1. Suche auf der Computertastatur die folgenden Zeichen:
   Punkt, Komma, Doppelpunkt, Ausrufezeichen, Fragezeichen, Redezeichen.

2. Bei welchen Zeichen musst du die Umstelltaste ⇧ drücken,
   damit das Zeichen erscheint? Überprüfe deine Vermutung am Computer.

3. Lies im Comic „Das Gespenst im Gurkenglas“ nach.
   Schreibe am Computer in wörtlicher Rede auf,
   was Willi und der Gurkerich sagen.

Willi ruft: „Igitt, Gurken!“

Der Gurkerich fragt: „...?“

Prüfe, ob du die richtigen Satzzeichen verwendet hast.
Achte besonders auf den Doppelpunkt nach dem Begleitsatz
und die Redezeichen bei der wörtlichen Rede.

4. Verwende für den Begleitsatz passende Verben.

antworten · auffordern · bitten · ermahnen · fragen · rufen · sagen · sprechen · verlangen · versprechen

Das richtige Buch in der Bücherei finden

Dafina ist krank. Sie bittet ihren Bruder Orhan, ihr ein Buch aus der Bücherei mitzubringen. Er fragt sie, was sie gerne lesen möchte. Dafina sagt: „Ich möchte gerne ein Buch haben, das spannend ist. Es soll aber auch lustig sein und Tiere sollen darin vorkommen. Es kann ruhig eine lange Geschichte sein, denn ich muss ja noch einige Tage zu Hause bleiben. Es soll aber auch viele Bilder haben. Achte auch darauf, dass es zu meinem Alter passt.“
Orhan macht sich einen Notizzettel, um nichts zu vergessen.

1. Was fehlt noch auf dem Notizzettel? Schreibe ihn vollständig auf.

2. Als Orhan in die Bücherei kommt, sieht er dort viele Regale. In welchem Regal kann Orhan ein passendes Buch für Dafina finden?

Bilderbücher Märchen Abenteuer
Tiergeschichten Sachbücher
Erfinder und Entdecker

3. Suche zu jedem Regal passende Buchtitel. Du kannst dir auch Titel ausdenken. Schreibe so:
Märchen: Dornröschen, Frau Holle, ...

4. Dafina sagt Orhan, welche Bücher sie gerne liest. Kannst du ihr ein Buch empfehlen? Begründe, warum es geeignet ist.

Informationen über Bücher

In der Schmökerstunde stellt Paula ein Buch vor:
„Mein Buch heißt „Lilli und Flosse“.
Die Autorin ist Cornelia Funke. Lilli ist eine Nixe.
Sie möchte vor den Toren der Nixenstadt spielen.
Ihr Freund Flosse warnt sie. Aber Lilli hat keine Angst und sie weiß auch nicht, dass Herr und Frau Schnorchel auf Nixenfang sind.
Ich fand das Buch sehr spannend und ich habe auch viel gelacht.“

1. Stelle ein Buch vor. Notiere dafür Stichwörter.

Tipps für die Buchvorstellung:

- Erkläre, warum du gerade dieses Buch vorstellen möchtest.
- Verrate nicht zu viel, damit die anderen Kinder neugierig bleiben.
- Zeige einige Bilder aus dem Buch.
- Lies zum Schluss eine besonders schöne Stelle vor.

Auf vielen Büchern findest du einen kurzen Text, der dir das Wichtigste über ein Buch sagt. Diesen Text nennt man Klappentext.
Dieser Text gehört zum Buch „Ritter Trenk“ von Kirsten Boie.

Leibeigen geboren, leibeigen gestorben, leibeigen ein Leben lang – ja, so heißt es wohl! Aber ist es nicht schrecklich ungerecht, dass alle Bauern ihrem Ritter gehören und kein bisschen sich selbst? Das findet jedenfalls der Bauernjunge Trenk. Er will es einmal besser haben als sein Vater, der schon wieder auf der Burg Schläge bekommen soll. Und so bricht Trenk mit seinem Ferkelchen am Strick auf in die Stadt, um dort sein Glück zu machen.
Doch so einfach, wie Trenk sich das vorgestellt hat, ist es nicht mit dem Glück – gut, dass er auf seinem Weg immer wieder Freunde findet, die ihm weiterhelfen. Und wer hätte gedacht, dass der kleine Ritter Trenk vom Tausendschlag schließlich sogar gegen den gefährlichen Drachen ins Feld ziehen wird?

2. Hast du Lust, das Buch „Ritter Trenk“ zu lesen?
Begründe deine Meinung.

Nicke findet einen Stuhl

Nicke geht ein bisschen spazieren. Eigentlich will er Himbeeren suchen. Aber da findet er etwas Komisches. So ein Ding hat er noch nie gesehen. „Nanu“, sagt er und bleibt stehen, „was ist denn das?“ So was liegt doch sonst nicht auf dem Weg herum. Nicke guckt sich um. Ist das Ding vom Himmel gefallen oder ist es aus dem Boden gewachsen? Vorsichtig untersucht Nicke das Ding. Oben und unten hat es Stöcke. Vielleicht soll man sich oben festhalten und unten draufstellen? Hilfe, nein, das kippelt! Da kommt ein fröhlicher Mann mit seinen Hunden vorbei. Nicke fragt: „Kannst du mir sagen, was das ist?“ „Das ist doch ein Stuhl“, sagt der Mann. „Ein Stuhl? Und was ist ein Stuhl?“ „Was, du weißt nicht, was ein Stuhl ist? Der ist doch zum Sitzen da.“ Der Mann lacht und geht weiter. Ein Stuhl ist zum Sitzen da? Das hab ich nicht gewusst, denkt Nicke. Da kommt Spinki auf seinem Rennrad angerast. „Hallo, Spinki, ich hab einen Stuhl gefunden“, sagt Nicke. „Darauf kann man sitzen und man kann seine Mütze daran aufhängen. Guck mal, so.“ „Hahaha“, lacht Spinki. „Du sitzt ja ganz verkehrt! Du musst den Stuhl umdrehen, Nicke. Du bist vielleicht doof!“ Spinki gibt Gas und zischt davon. „So doof bin ich gar nicht. Ich hab eben nur noch nie einen Stuhl gesehen“, brummt Nicke. Er dreht den Stuhl herum und versucht es noch einmal. So muss es wohl sein.

Jetzt sitze ich ganz bequem und fest, denkt Nicke, ziemlich fest sogar.

Und ich sitze immer noch, wenn ich weitergehe.

Da kommt Libella angewirbelt.

„Hallo, Libella“, ruft Nicke fröhlich.

„Ich hab gerade einen prima Stuhl gefunden. Das ist nämlich ein Mitnehme-Stuhl.“

„Hihihi, du bist vielleicht dumm, Nicke“, sagt Libella kichernd.

„Du weißt nicht mal, wie man richtig auf einem Stuhl sitzt. Du hast ihn ja verkehrt herum hingestellt. Auf die Beine, Nicke, auf die Beine! Und den Rücken gerade, immer schön gerade sitzen. Hihihi, wie du dasitzt! Ich könnte mich totlachen.“

Wie hat sie das nun gemeint?

Vor lauter Nachdenken wird ihm ganz schwindelig und er kippt um.

Ein großer Mann, der sein Radio spazieren trägt, bleibt stehen. Nachdenklich betrachtet er Nicke.

„Komisch“, sagt er, „du sitzt sehr komisch, junger Mann!“

„Ich dachte, das muss so sein“, antwortet Nicke.

„Ich dachte, es ist ein Fest-Sitz-Stuhl.“

„Falsch, ganz falsch, junger Mann“, sagt der Fremde.

„Auf alle viere, den Rücken nach oben, dann kannst du auf der Sitzfläche auf der anderen Seite sitzen. Dann ist es richtig.“

„Wie auf allen vieren?“, fragt Nicke.

„Ich kann doch nicht gleichzeitig sitzen und stehen?“

Der Fremde gluckst vor Lachen.

„Ich glaub, du bist ein bisschen dumm. Pass auf, ich zeig dir, wie man sitzt. Den Stuhl auf alle vier Beine stellen. Und dann setzt man sich auf die Sitzfläche.“

„Ich bin nicht dumm“, sagt Nicke energisch.
„Aber ich hab noch nie auf einem Stuhl gesessen.“
„Na, nun weißt du ja, wie man richtig sitzt. So. Und dann nimmt man das Radio auf den Schoß, damit man es gut hören kann. So.“
Nicke setzt sich auf den Stuhl. Was für ein Radio?
Ich hab doch gar kein Radio, denkt er. Da kommt eine Frau vorbei.
„Hallo, Frau, findest du, dass ich richtig auf dem Stuhl sitze?“, fragt Nicke.
„Ja, ich finde, es sieht richtig gut aus. Kannst du denn schon ganz allein so fein sitzen? Wirklich, sehr tüchtig. Ist alles in Ordnung?“
„So ziemlich“, sagt Nicke. „Aber ich hab kein Radio.“
„Mach dir nichts draus“, sagt die Frau. „Bald ist ja wieder Weihnachten. Dann kannst du dir eins wünschen.“
Da kommt der Fischer. „Hallo, Nicke“, sagt er.
„Hallo, Fischer“, sagt Nicke. „Kommt dir irgendwas komisch vor?“
„Nein.“
„Ich sitz hier auf einem Stuhl.“
„Das sehe ich. Hübscher Stuhl. Gehört er dir?“
„Ja. Sitz ich auch hübsch?“
„Es könnte nicht besser sein.
Du bist wirklich ein Mordskerl, Nicke.“
So ist es dann wohl richtig, denkt Nicke.
Es ist ein Stuhl und so soll man darauf sitzen.
Ein Radio braucht man nicht.
Auch sonst nichts. Jetzt weiß ich es.
Dann kann ich ja endlich Himbeeren suchen gehen.
Oh, da liegt etwas.
Ich möchte mal wissen, was das ist …

Sven Nordqvist

1. Lies den Text. Achte besonders darauf, wie Spinki, Libella und der fröhliche Mann erklären, was ein Stuhl ist.
Notiere die Zeilen.
Spinki: Zeile ...

2. Überlegt euch Antworten zu diesen Fragen:
- Warum kann Nicke die Erklärungen nicht sofort verstehen?
- Warum glauben die anderen, Nicke sei doof?

3. Lest den Text mit verteilten Rollen.

4. Die Geschichte könnt ihr auch spielen.
Sechs Personen erklären Nicke, was ein Stuhl ist.
Schreibt Rollenkarten für die einzelnen Mitspieler.

1. Fröhlicher Mann
„Das ist ein Stuhl!
Du weißt nicht, was ein Stuhl ist?"
Er geht weiter.

2. Spinki
„Du sitzt ganz verkehrt.
Du musst den Stuhl umdrehen.
Du bist doof!"
Er gibt Gas und fährt weiter.

5. Nicke findet noch viele andere Dinge, die er nicht kennt.
Immer wieder fragt er die Leute, die vorbeikommen, wie diese Dinge heißen und was man mit ihnen machen kann.
Schreibe die Geschichte weiter.

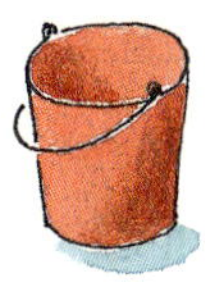

6. Wer nicht fragt, bleibt dumm.
Kennst du diese Zeile aus dem Sesamstraßen-Lied?
Lies den Liedtext im Internet.
www.checkeins.de/sesamstrasse-song.html

Das kann ich 3

1. Ich kann Verben in verschiedenen Zeiten aufschreiben.

es brennt es hat gedonnert sie leuchteten
er führte wir sahen wir haben gehofft

Gegenwart	einfache Vergangenheit	zusammengesetzte Vergangenheit
es brennt	*es brannte*	*es hat gebrannt*

Seite 228

2. Ich kann einen Text überarbeiten, indem ich
Wortwiederholungen vermeide,
unterschiedliche Satzanfänge verwende und Satzglieder umstelle.

Meine Schwester Carola hat einen eigenen Computer. Meine Schwester lässt mich nicht an ihrem Computer spielen. Meine Schwester schreibt häufig auf dem Computer. Einen Brief schrieb meine Schwester gestern. Den Computer schaltete sie danach nicht ab. Sie wollte noch mehr schreiben. Ich sah das. Ich öffnete die Datei mit meinem Lieblingsspiel. Da hörte ich meine Schwester. Ich schaltete schnell alles aus. Meine Schwester schimpfte sehr. Der Brief war weg.

Seite 222

3. Ich kann zusammengesetzte Nomen bilden.

boxen brennen denken drehen fahren König treffen Geburtstag

Bahn Holz Geschenk Ring Stuhl Zettel Punkt Reich

Seite 227

4. Ich kann auf einer Eintrittskarte Informationen finden und Antworten zu Fragen aufschreiben.

- Was findet statt?
- Wer spielt gegeneinander?
- Wann startet das Spiel?
- Wo sitzt die Person?
- Wo findet das Spiel statt?
- Wie viel kostet der Eintritt?

Seite 214

5. Ich kann Wörter verlängern oder die Grundform bilden, um sie richtig zu schreiben.

das Boot – die Boote *jung – der junge Hund* *er lobt – loben*

das Boo■ der Krie■ das Lau■ der Lau■ der Aben■ der Ta■

jun■ har■ hunder■ tausen■ star■ kräfti■

sie ü■t er sin■t es hän■t er lü■t sie erledi■t er lo■t

Seite 224

6. Ich kann Sätze mit wörtlicher Rede schreiben und für die Begleitsätze passende Verben verwenden.

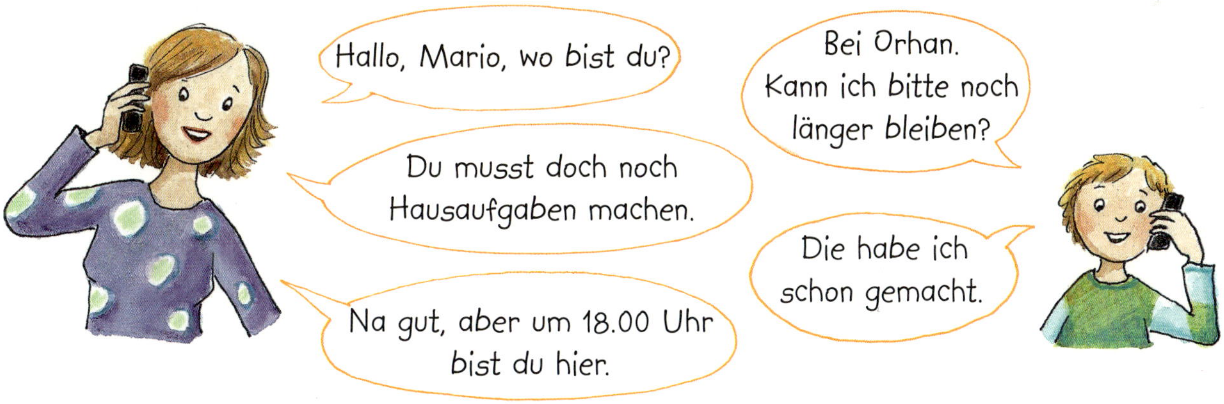

vermuten fragen bitten rufen schreien flüstern
betteln schimpfen erklären sagen

Mama fragt: „Hallo, Mario, wo bist du?"

Seite 230

Jeder tut etwas

Jeden Tag wird auf der ganzen Welt etwas getan.
Auf den Straßen und in allen Häusern,
auf Baustellen und Bühnen,
auf Flughäfen und Plantagen,
in Schulklassen, Schwimmbädern und Fabriken.
Überall arbeiten Menschen für sich und für andere.

Und wenn du es dir genau überlegst,
kann keiner etwas alleine tun.
Natürlich kannst du alleine ein Bild malen.
Aber wer hat den Pinsel gemacht?
Und wer das Papier?
Wie kommt der Zeichenblock in den Laden?
Und wer hat den Laden gebaut?

Du könntest dich den ganzen Tag bedanken,
bei Leuten, die du gar nicht kennst.

Die meisten Leute arbeiten im Büro.
Man sieht jedoch nicht, was sie tun.
Sie telefonieren und klicken mit ihren Computermäusen,
sonst geschieht fast nichts im Büro.
Dort jedoch, wo sie anrufen, da geht's rund:
Lastwagen werden beladen,
Hotelzimmer geputzt und
Hubschrauber mit Ersatzteilen zu Bohrinseln geschickt.

Wer etwas herstellt,
weiß nicht immer ganz genau, was daraus wird.
Wer in der Gießerei
aus glühendem Metall Motorenteile gießt,
hört vielleicht nie,
ob der fertige Motor brummt oder schnurrt.
Denn wenn es soweit ist, gießt er schon 7 000 Teile
für eine Brücke am Jangtsekiang.
Da kommt er wahrscheinlich niemals hin.
Aber die Teile passen haargenau.

Dieter Böge

Verschiedene Berufe

Frisör

Bäckerin

Maurer

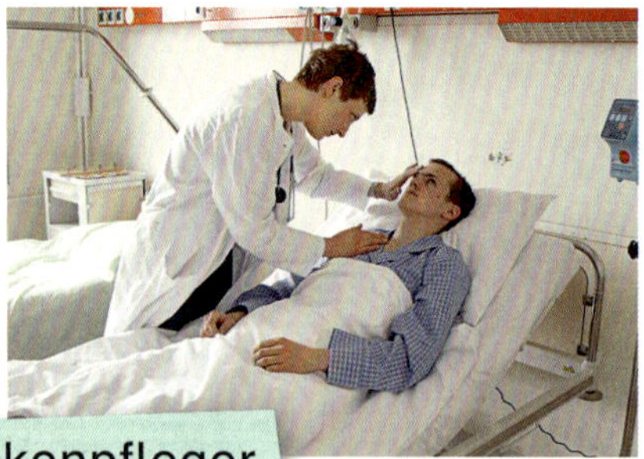
Krankenpfleger

Pilotin

Tierpflegerin

1. Frauen und Männer arbeiten in den gleichen Berufen.
Sie werden aber unterschiedlich genannt.
Schreibe die Berufe auf.

Männer	Frauen
Frisör	Frisörin
...	

2. Suche weitere Berufe in der Wörterliste.
Ergänze die Tabelle.

Außergewöhnliche Berufe lesen

Zitronenfalter Rückwärtsschleicher Bananenverbieger
Schneckenantreiber Regenschirmhalter Hosenträger
Taschenrechner Staubfänger Kugelschreiber

Ein Interview führen

Sebastians Onkel ist Polizist. Sebastian will ihn über seine Arbeit befragen. Das nennt man ein Interview führen.

Wie lange bist du schon Polizist?
Was machst du den ganzen Tag?
Warum bist du Polizist geworden?
Ist es gefährlich, Polizist zu sein?
Warum tragen alle Polizisten die gleiche Kleidung?
Was machst du mit einem Dieb,
wenn du ihn festgenommen hast?
Was machst du, wenn du irgendwo Fußabdrücke findest?

1. Welche Fragen würden dich auch interessieren? Begründe deine Meinung.

2. Sebastian hat sich folgende Antworten in Stichwörtern notiert, damit er nichts vergisst. Überlegt, zu welchen Fragen die Antworten passen.

- selten gefährlich
- meist Verkehrskontrollen
- Gerechtigkeit
- Spezialisten untersuchen die Fußabdrücke
- 10 Jahre
- Gerechtigkeit
- leicht zu erkennen

3. Was möchtest du über die Berufe deiner Eltern oder Großeltern wissen? Überlege dir Fragen, notiere sie und führe ein Interview.

Tipps für ein Interview:

- Lass hinter jeder Frage Platz für die Antworten.
- Notiere nur Stichwörter, damit dein Interviewpartner nicht so lange warten muss.

4. Erzählt in der Klasse, welche Antworten eurer Eltern und Großeltern besonders interessant waren.

Jane Goodall

Ich wurde 1934 in England geboren. Als ich klein war, hatte ich einen Traum: Ich wollte wie Tarzan und Jane mit wilden Tieren im Urwald leben. Die Erwachsenen lachten mich aus. Doch ich ließ nicht locker: Während der Schulzeit verschlang ich tonnenweise Bücher über wilde Tiere. Ich wusste, ich wollte später nach Afrika! So arbeitete ich nach der Schule als Sekretärin und abends arbeitete ich auch noch, um Geld für meine Überfahrt nach Afrika zu verdienen.

Mit 23 hatte ich es geschafft: Ich reiste nach Afrika. Hier traf ich einen berühmten Forscher. Nach einiger Zeit fragte er mich, ob ich mich trauen würde, alleine im Urwald zu forschen. Genau das wollte ich! Ich beobachtete Schimpansen, um mehr über die engsten Verwandten der Menschen zu erfahren. 30 Jahre lang lebte ich zusammen mit den Schimpansen im Urwald von Tansania. Ich wurde die erfolgreichste Affenforscherin der Welt! Ich entdeckte als Erste, dass Affen auch Fleisch fressen und ich fand heraus, dass sie Werkzeuge anfertigen und benutzen: Mit kleinen Stöckchen holen sie sich Ameisen aus Baumstämmen und mit Steinen knacken sie Nüsse.

Das Leben im Urwald war schwer: Ich stand um fünf Uhr auf, um die Affen schon beim Aufwachen zu beobachten. Ich kroch bei starker Hitze oder kräftigem Regen durch den Urwald. Manchmal blieb ich nachts alleine draußen, mit einer Decke und einer Jackentasche voll Rosinen zum Essen. Einmal schubste mich ein junger Schimpanse einen Berg runter. Ein anderes Mal sprang mir ein Affe auf den Kopf. Trotzdem habe ich das Leben im Urwald geliebt. Heute gebe ich mein Wissen besonders gerne an Kinder weiter.

1. Das Leben als Affenforscherin ist anstrengend.
Suche passende Beispiele im Text.

Maria Anna Mozart

Ich wurde 1751 in Salzburg geboren. Fünf Jahre später kam mein Bruder Wolfgang Amadeus zur Welt. Unser Vater war Musiker. Schon früh erkannte er, dass wir sehr musikalisch waren. Damit er uns in Musik unterrichten konnte, hörte er auf zu arbeiten. Ich lernte Klavier spielen. Während meiner Kindheit reiste mein Vater mit mir und meinem Bruder in andere Städte und Länder. Wir gaben dort Konzerte. Mit zwölf Jahren war ich eine der besten Klavier-spielerinnen Europas. Mein Bruder und ich waren sehr berühmt. Wir galten als Wunderkinder.

Aber damals glaubten die Leute, dass Frauen nicht zu viel lernen sollten. Eine Frau hatte die Aufgabe, für die Familie und das Haus zu sorgen. Deshalb unterrichtete mich mein Vater nicht mehr weiter, als ich älter wurde. Mit 16 Jahren durfte ich auch nicht mehr auf die Konzert-Tourneen mitkommen. Darüber war ich sehr traurig. Ich vermisste die Reisen und meine Erfolge. Mein Vater tat jetzt alles dafür, dass nur noch mein Bruder ein berühmter Musiker wurde. Er durfte komponieren. Für mich war das verboten: Eine Frau machte das nicht. Deshalb habe ich es einfach heimlich ausprobiert.

Als meine Mutter starb, führte ich den Haushalt für meinen Vater. Nur Klavierunterricht durfte ich noch geben. Später heiratete ich und bekam ein Kind. Als Hausfrau und Mutter hatte ich viel zu tun. Ich habe das getan, was von Frauen damals verlangt wurde.

1. Sprecht über die Gründe, warum Maria Anna Mozart nicht berühmt werden konnte.

2. Überlegt, wie ihr Leben heute verlaufen würde.

3. Sammelt weitere Informationen über Jane Goodall und Maria Anna Mozart im Internet.

Pablo Picasso

Pablo Picasso ist einer der bekanntesten Künstler der Welt. Er war Maler, Zeichner und Bildhauer. In seinem Atelier malte er viele Porträts und gestaltete Kunstwerke aus ungewöhnlichen Gegenständen.

Die Ziege zählte zu den Lieblingstieren von Pablo Picasso. Für den Bau der Ziege oben verwendete er ein Palmblatt für den Rücken, für den Bauch einen Weidenkorb, eine Konservendose für das Brustbein, Holz- und Eisenstücke für die Hufe und den Schwanz. Für die Hörner und das Bärtchen nahm er Wurzeln von einem Weinstock. Zwei Krüge aus Keramik dienten als Euter. Mit Pappe umkleidete er die Figur und fügte alles mit Gips zusammen. So entstand die Ziege.

Solche Kunstwerke aus Fundstücken wie die Ziege ließ Picasso später mehrmals in Bronze gießen. Bronze ist ein Material, das so hart wie Stein wird und sich sehr kalt anfühlt.

So eine Ziege aus Bronze, wie du sie oben siehst, stand viele Jahre im Garten seiner Villa, wo sie Picassos lebender Ziege, die „Esmeralda“ hieß, Gesellschaft leistete.

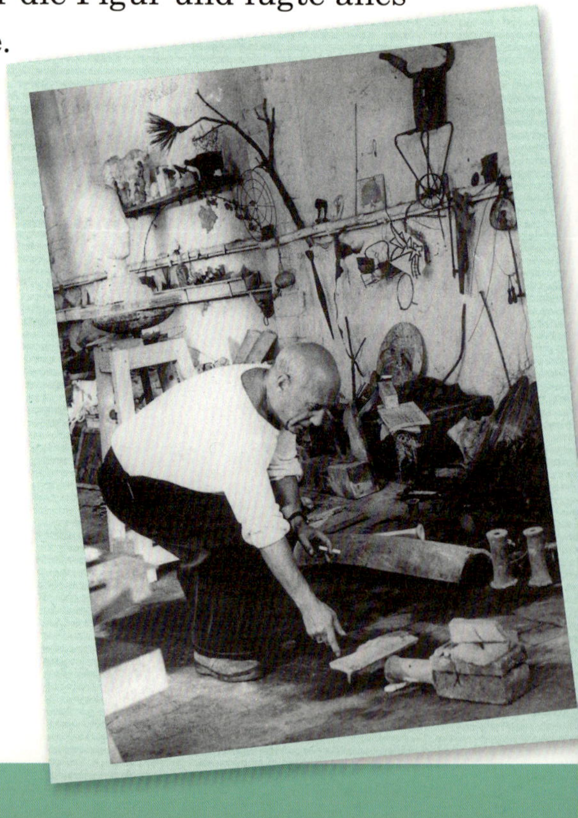

1. Die markierten Wörter sind Fachbegriffe aus der Kunst.
Lies die folgenden Erklärungen.

Bildhauer: Ein Bildhauer ist ein Künstler, der mit Werkzeugen wie Messer und Hammer arbeitet. Er schnitzt Figuren aus Holz, haut sie aus Stein oder formt sie aus Metall.

Kunstwerk: Ein Kunstwerk ist das Ergebnis einer künstlerischen Arbeit.

Porträt: Ein Porträt ist ein gemaltes Bild oder Foto einer Person.

Keramik: Aus Ton können Gefäße getöpfert werden. Damit sie wasserfest werden, werden sie im Ofen getrocknet (gebrannt), dann mit einer Schutzschicht versehen (glasiert) und noch einmal im Ofen gebrannt.

2. Prüfe, ob du die Erklärungen verstanden hast, indem du die Fachbegriffe einem anderen Kind mit eigenen Worten erklärst.

3. Erkläre die Begriffe Atelier und Bronze. Lies im Text nach.

Atelier: ???

Bronze: ???

★ **4.** In vielen Berufen gibt es Fachbegriffe. Erkläre.

Ein Frisör kann Haare tönen.
Ein Maler tapeziert auch Wände.
Der Musiker spielt verschiedene Instrumente.

Die Erfindungsmaschine

Professor Monogrohm, der berühmte Erfinder der fünfeckigen Kugel, der wasserdichten Windhose und der Frühstücksmaschine, sagte an einem sonnigen Mittwochvormittag beim Frühstück zu seiner Frau: „Es ist höchste Zeit, dass ich wieder einmal eine meiner genialen Erfindungen mache. Leider habe ich nicht die geringste Idee, was ich erfinden könnte.“

„Das hast du schon oft gesagt“, antwortete seine Frau.

„Und dann ist dir meistens doch etwas eingefallen. Vielleicht sollten wir erst mal in aller Ruhe frühstücken.“ Das taten sie.

Nach dem Frühstück fragte der Professor seine Frau:

„Ist dir etwas eingefallen?“ Seine Frau schüttelte den Kopf. „Nein.“

Professor Monogrohm sagte: „Mir auch nicht.“

Darauf dachten beide ziemlich lange nach.

Nach einer Weile fragte Frau Monogrohm: „Ist dir inzwischen etwas eingefallen?“ „Nein“, sagte ihr Mann. Frau Monogrohm sagte: „Mir leider auch nicht.“ Und sie überlegten sehr lange weiter.

Gegen Mittag sagte Frau Monogrohm: „Wie wäre es mit einer neuen Maschine?“

„Das hast du mir schon oft vorgeschlagen“, antwortete er.

„Aber was für eine Maschine? Das ist doch gerade die Schwierigkeit. Ich denke und denke und denke …“

„Du denkst und denkst und denkst?“, sagte seine Frau.

„Du bist ein berühmter Professor! Hast du das wirklich nötig? Warum tust du das und baust keine Maschine, die dir das abnimmt?“

„Großartig!“, rief er. „Eine geniale Idee. Schade, dass sie nicht von mir ist.“

Anne und Paul Maar

1. Welche Maschine möchtest du erfinden? Zeichne sie und beschreibe, was sie kann.

Erfindungen, die die Welt veränderten

Auch wenn das Wort Computer ein englischer Begriff ist, der Erfinder des ersten funktionierenden Computers kommt aus Deutschland. Konrad Zuse hat im Jahr 1941 den ersten Computer entwickelt. Er nannte ihn Z3.
Der Z3 war so groß wie zwei Schränke, er hatte keinen Bildschirm, keine Maus und keine Tastatur, sondern bestand aus unzähligen Schaltungen und Lämpchen.
Konrad Zuse war eigentlich für den Bau von Flugzeugen zuständig. Aber weil er dafür viele Berechnungen anstellen musste, kam ihm die Idee, so etwas wie eine automatische Rechenmaschine zu entwickeln. In Deutschland interessierte sich aber lange Zeit keiner so richtig für seine Erfindung, deshalb wurde der Computer auch in Amerika weiterentwickelt.
Am 12. August 1980 stellte IBM in Deutschland den ersten Heimcomputer vor. Mit dieser Entwicklung wurde ein neuer Industriezweig geschaffen, der die Welt veränderte.

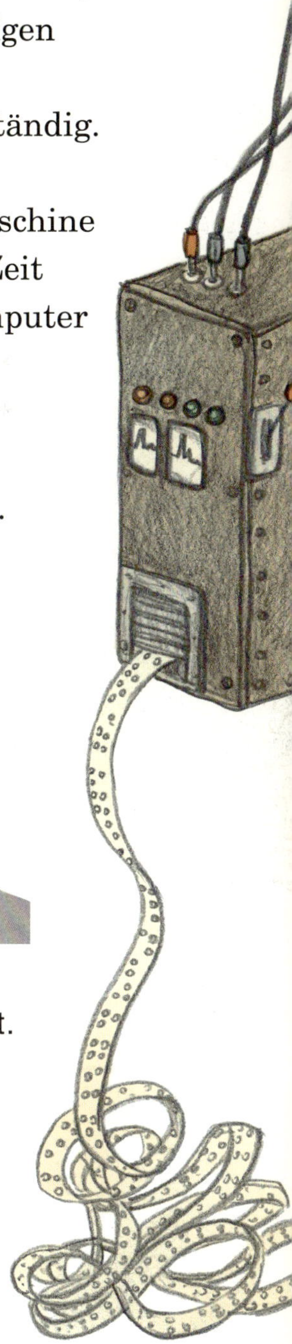

1. Das Telefon hat sich in den letzten Jahren auch sehr verändert. Befragt eure Eltern und Großeltern, wie sie früher telefoniert haben.

2. Bringt Bilder von alten Telefonen mit. Gestaltet ein Plakat mit Bildern und Informationen.

Milch kommt nicht aus der Tüte

Milch entsteht im Euter der Kühe. Sie ist die Nahrung für die Kälbchen, solange sie klein sind.

Die Kühe geben aber auch Milch, wenn die Kälber groß geworden sind. Diese Milch wird vom Bauern gemolken, meistens mit einer Melkmaschine. Auf dem Bauernhof gibt es eine Milchküche. Hier wird die frisch gemolkene Milch durchgesiebt und abgekühlt. In großen Kannen wird sie an die Straße gestellt.

Täglich holt ein Tankwagen der Molkerei die Milch ab. In der Molkerei wird die Milch vieler Bauernhöfe gesammelt und weiterverarbeitet.

In mehreren Schritten wird die Milch in der Molkerei verarbeitet. Sie wird zunächst keimfrei und haltbar gemacht. Dann füllt eine Maschine sie in Flaschen oder Tüten ab.
Ein Teil der Milch wird zu Butter und Sahne geschlagen. Auch Quark, Jogurt, Käse, Buttermilch und vieles mehr wird aus Milch hergestellt.

Uwe Klindworth

1. Erkläre den Weg der Milch.

Kuh, Wiese, Melkmaschine, durchsieben, ...

2. Wie kommt die Milch in die Tüte?
Beschreibe den Weg. Notiere Stichwörter.

3. Wörter, in denen du ein langes i hörst, werden meistens mit ie geschrieben.
Es gibt wenige Ausnahmen, zum Beispiel Wörter mit der Endung -ine.
Sammle Wörter mit lang gesprochenem i, die nicht mit ie geschrieben werden.

i	ih
Igel Maschine	ihr

Wörter mit gleichen Anfangsbuchstaben lesen

Milch **m**acht **m**üde **M**äuse **m**unter.
Bäcker **b**acken **b**raune **B**rote.
Uta **u**nd **U**gur **u**nternehmen **u**nglaubliche **U**rlaube.
Lustige **L**ehrer **l**achen **l**authals **l**os.

Butter selbst herstellen

Du brauchst:
ein Glas mit Deckel, flüssige Schlagsahne

Glas bis zur Hälfte mit flüssiger Schlagsahne füllen und verschließen

verschlossenes Glas mindestens 5 Minuten schütteln, bis ein fester Klumpen entsteht

Flüssigkeit abgießen
Tipp: Flüssigkeit gleich in ein Glas geben. Das ist nämlich leckere Buttermilch.

kaltes Wasser zum Klumpen gießen, erneut schütteln und Wasser wegschütten

Butterklumpen aus dem Glas nehmen

1. Butter kannst du ganz leicht selbst herstellen. Probiere es aus.

2. Schreibe in Sätzen auf, wie du Butter herstellst.

Ich brauche ein Glas mit Deckel und flüssige Schlagsahne. Zuerst fülle ich …

Alle arbeiten

Der Bauer

Der Mechaniker

Die Malerin

Der Koch

Die Busfahrerin

Die Verkäuferin

kassiert

kocht

erntet

streicht

repariert

fährt

1. Bildet immer längere Sätze.
   - Jeder schreibt einen Satz mit einem Subjekt (Satzgegenstand) und einem Prädikat (Satzkern).

     Die Malerin streicht.
   - Gebt die Blätter reihum weiter. Das nächste Kind ergänzt oder verändert den Satz und schreibt den neuen Satz darunter.

     Die Malerin streicht.

     Die Malerin streicht einen Balkon.
   - Gebt die Blätter so lange weiter, bis ihr keine sinnvollen Sätze mehr bilden könnt.

     Die Malerin streicht.

     Die Malerin streicht einen Balkon.

     Mit brauner Farbe streicht die Malerin einen Balkon.

     Die Malerin streicht auf der Leiter einen Balkon mit brauner Farbe.

     ...

2. Unterstreiche in jedem Satz das Subjekt (Satzgegenstand) blau und das Prädikat (Satzkern) rot.

Wörter mit s-Lauten

Die Verkäuferin sitzt an der Ka__e.
Auf ihrer Blu__e sind lauter rote Ro__en.
Anton kauft eine Flasche Wa__er,
Kä__e, drei Do__en Bohnen und Salat.
Den fre__en auch seine Ha__en gerne.
Jetzt will er schnell nach Hause ra__en
und seinen neuen Comic le__en.

1. s oder ss? Schreibe die Sätze richtig auf.
Achte auf die Selbstlaute vor s und ss.

2. s oder ss? Schreibe die Wörter richtig auf.

be__er   Va__e   bi__chen   Ta__e   Kä__e   pa__en

Be__en   Me__er   me__en   Ku__

Wörter mit s	Wörter mit ss
Vase	besser
...	

3. Schreibe die Wörter von Aufgabe 2 in Silben auf.
Welche Regelung findest du für die Silbentrennung
bei den Wörtern mit s und ss heraus?

4. Schreibe alle Wörter mit ß aus der Wörterliste auf.
Kennzeichne den langen Selbstlaut vor ß.

5. Überlege dir drei Sätze mit ß-Wörtern.
Diktiere sie einem anderen Kind. Kontrolliert gemeinsam.

Wörter mit tz und ck

In der Backstube

Der Bäcker wird am Morgen bereits sehr früh von seinem Wecker geweckt, damit er pünktlich an seinem Arbeitsplatz in der Backstube ist. Er drückt die Tür auf und setzt seine Bäckermütze auf. Jetzt kann es losgehen. Ratlos blickt er sich in der Backstube um. Wo hat der Lehrling denn nur die Knethaken und die Backbleche versteckt? Plötzlich entdeckt er das Material hinter dem Backofen. Zornig ruft er den Lehrling herbei und schimpft: „Ich mag es gar nicht, wenn unser Arbeitsplatz nicht ordentlich aufgeräumt ist." Verschwitzt und mit roten Backen hört sich der Lehrling an, was der Bäcker ihm zu sagen hat. Da geht die Tür auf. Frau Meier kommt herein und bestellt drei Backbleche mit Plätzchen, die mit Zuckerguss bespritzt sind. Der Bäcker vergisst seinen Zorn und beide machen sich nützlich.

1. Suche im Text alle Wörter mit tz und mit ck. Trage sie in die Tabelle ein.

tz	ck
Arbeitsplatz	Backstube
...	

2. Markiere den kurz gesprochenen Selbstlaut vor tz und ck.
Arbeitsplatz

3. Ergänze deine Tabelle mit Wörtern aus der Wörterliste.

4. Sammle Wörter aus der Wortfamilie backen. Markiere den Wortstamm.

Von fremden Ländern träumen

1. Wohin reisen die Kinder?
   Schließt für einige Minuten die Augen
   und reist mit ihnen.

2. Macht euch gemeinsam auf den Weg
   in das fremde Land.
   Bildet Erzählgruppen.

Im Zauberwald

Ich ging in den Wald hinein. Schon nach ein paar Schritten gelangte ich an eine Wegkreuzung. Welchen Weg sollte ich nehmen?

Während ich noch überlegte, trat zwischen den Bäumen ein alter Mann hervor. „Alle Wege sind gleichermaßen gefährlich und doch wunderschön“, erklärte er mir. „Du wirst auf jedem Weg Abenteuer und Prüfungen bestehen müssen. Mit der Hexe ist nicht zu spaßen. Auch der Tümpelkönig Quastarax ist ein übler Geselle. Und wer den Drachen stört, hat nichts zu lachen! – Wenn du die Prüfungen bestehst, die dir auf deinem Weg gestellt werden, wirst du genau an dieser Stelle wieder aus dem Wald herauskommen. Wenn nicht, dann …“ Er brach ab.

Ich überlegte lange, dann traf ich meine Wahl.

„Ich werde zum ___ gehen.“

„Eine gute Entscheidung“, meinte der Alte. „Dann kann ich dir nur viel Glück wünschen! Hier, nimm diese Zauberfeder. Vielleicht hilft sie dir, wenn es gefährlich wird.“

Bevor ich mich bedanken konnte, war der Alte verschwunden. Meine Knie waren ziemlich weich, aber ein Zurück gab es jetzt nicht mehr. Ich steckte die bunte Zauberfeder ein und marschierte los.

Was ich nun erlebte, werde ich niemals vergessen.

Marliese Arold

1. Es gibt in der Geschichte drei Wege, die du gehen kannst. Entscheide dich für eine Richtung und schreibe deine Geschichte auf.

Überlege dir eine passende Überschrift. Denk daran: Du musst Prüfungen bestehen. Du hast eine Zauberfeder.

- reißenden Fluss überqueren
- giftige Kröte überlisten
...

2. Überarbeite deine Geschichte in einer Schreibkonferenz.

Tipps für die Schreibkonferenz:

- Wenn ihr zuhört, achtet darauf, ob ihr euch vorstellen könnt, was die Personen in der Geschichte erlebt haben.
- Gibt es in den Geschichten besonders spannende, lustige oder traurige Stellen? Gebt euch Tipps, wie ihr diese noch ausgestalten könnt.

3. Prüfe die Rechtschreibung in deiner Geschichte. Benutze die Prüfpfeile, die Wörterliste oder das Wörterbuch.

Prüfe, ob die Geschichte in einer Zeitform geschrieben ist.

★ **4.** Schreibe deine Geschichte mit dem Computer.

Die Prinzessin auf dem Kürbis

Der Prinz war auf einer Hochzeit gewesen. Ein Freund hatte geheiratet und keine Geringere als die berühmte Prinzessin auf der Erbse war die Braut. Drei Tage und drei Nächte hatte die Hochzeit gedauert. Kein Wunder. Durch hundert Matratzen hindurch hatte die Prinzessin eine einzige, winzige Erbse gespürt. So empfindlich war sie.
„Empfindlich! Ha!“, rief der Prinz. „Ich will eine Prinzessin, die etwas aushält!“
Am nächsten Morgen ließ der Prinz ein Schild malen.

… stand in großen Buchstaben darauf.
Das Schild ließ der Prinz an der äußeren Burgmauer anbringen, sodass es weithin sichtbar war. Dann wurde die Zugbrücke hochgezogen und eine handgeknüpfte Strickleiter heruntergelassen. Wer auf die Burg wollte, musste auf der Strickleiter die Mauer hochklettern. „Ein echter Prinz will verdient sein!“, sagte der Prinz.

Tage und Wochen vergingen …
So manche Prinzessin kam mit ihrem Gefolge an der Burg vorbei und las das Schild. Eine wollte ihr Kleid nicht ruinieren und ritt rasch weiter. Eine andere ließ ihren Boten über die Mauer klettern, um dem Prinzen Geschenke zu bringen. Aber der Prinz schüttelte nur den Kopf. Er schickte den Boten mitsamt den Geschenken wieder zurück. Und die Zugbrücke blieb oben.

Eines Nachts – alle waren längst zu Bett gegangen – stand eine junge Frau auf der Burgmauer. „Hee!“, schrie sie laut. „Ist jemand zu Hause? Ich hab Hunger und Durst! Und ich suche ein Bett zum Schlafen!“ Der Prinz und alle anderen Burgbewohner kletterten verschlafen aus ihren Betten. Der Prinz gab ihr Wasser und Brot. Die Prinzessin trank den Krug mit Wasser leer und aß das Brot mit wenigen Bissen. Um zu sehen, ob die Prinzessin auch so empfindlich wie eine Prinzessin auf der Erbse war, hatte der Prinz ein besonderes Gästebett vorbereiten lassen: Auf dem Boden lag eine Matratze und unter die Matratze hatte der Prinz einen großen, runden Kürbis geschoben. Die Prinzessin betrachtete das seltsame Bett. „Na, dann gute Nacht!“, sagte sie. Sie gähnte herzhaft, legte sich mitsamt ihrer Kleider auf die Matratze – und war auch schon eingeschlafen. Der Prinz aber lag die ganze Nacht wach in seinem weichen Bett.

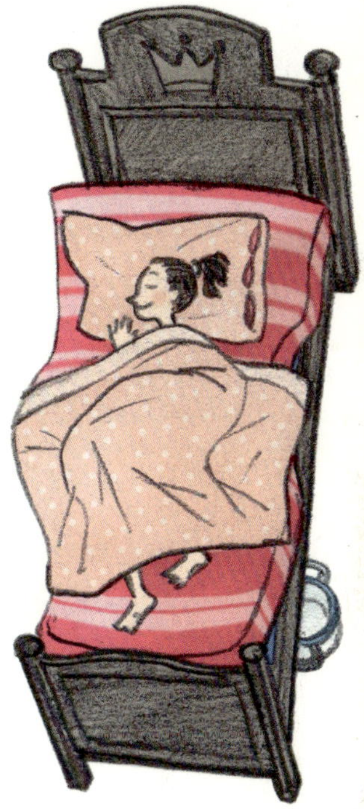

Als der Prinz müde und schlecht gelaunt zum Frühstück kam, saß die Prinzessin schon bei Tisch. „Ich hab wunderbar geschlafen“, sagte die Prinzessin. „Es muss da etwas unter dem Bett gewesen sein. Aber ich war zu müde, um nachzusehen.“ „Du bist eine Prinzessin nach meinem Geschmack!“, sagte der Prinz. „Willst du meine Frau werden?“

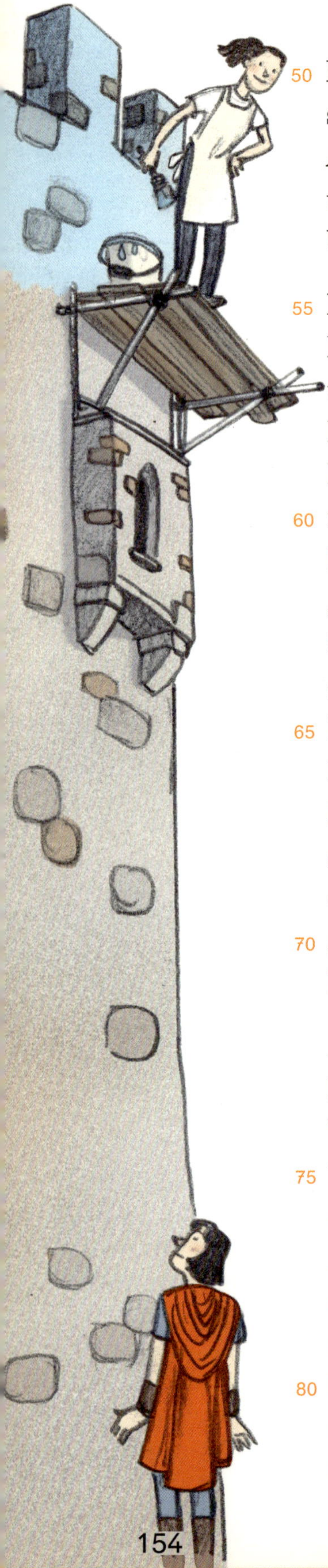

Die Prinzessin überlegte kurz. „So einfach ist das nicht“, sagte sie. „Eine echte Prinzessin will verdient sein. Außerdem weiß ich gar nicht, ob ich dich mag. Du bist laut und mürrisch. Du gibst deinen Gästen Wasser und Brot. Und du lässt sie auf harten Betten schlafen.“

Nach dem Frühstück zeigte der Prinz der Prinzessin alle Räume der Burg. Ein kleines verletztes Küken humpelte über den Hof. Der Prinz nahm es vorsichtig in die Hand. Er holte einen Strohhalm, zog einen Bindfaden aus seiner Hosentasche und schiente das verletzte Bein. Die Prinzessin nickte zufrieden. „So ein Prinz gefällt mir schon besser.“

Beim Abendessen im Turmzimmer fragte die Prinzessin: „Magst du Musik?“ Der Prinz rief sofort die Musikanten. Sie flöteten und pfiffen und trommelten, dass die Prinzessin sich die Ohren zuhielt.

Da schickte der Prinz die Musikanten fort, öffnete eine kleine Truhe und nahm eine Geige und einen Bogen heraus. Er setzte die Geige ans Kinn und dann führte er den Bogen sanft über die Saiten, dass alles im Raum zu klingen und schwingen begann. Als der Prinz aufhörte, waren beide eine ganze Weile still. „Ja“, sagte die Prinzessin dann, „das ist Musik, wie ich sie mag.“

Als der Prinz am nächsten Morgen zum Frühstück kam, hörte er die Leute unten am Hof lachen und klatschen. Viele hatten sich dort versammelt und alle blickten zum Turm hinauf. Hoch oben stand die Prinzessin auf einem selbst gezimmerten Gerüst und bemalte den Turm. „Himmelblau ist meine Lieblingsfarbe!“, rief sie, als sie den Prinzen sah. „Ein wenig Farbe würde deiner Burg nicht schaden. Sie ist viel zu grau!“

Der Prinz überlegte nicht lange. „Warte, ich helfe dir!“, rief er. Gemeinsam bemalten sie den Turm. Danach bemalten sie die ganze übrige Burg.

Nach drei Tagen ließ der Prinz ein neues Schild an der Burgmauer anbringen:

... stand in großen Buchstaben darauf. Von nah und fern strömten die Hochzeitsgäste herbei. Auch die berühmte Prinzessin auf der Erbse war gekommen.

Heinz Janisch

1. Gestaltet das Märchen als Comic. Arbeitet in Gruppen.
Überlegt, welche Bilder wichtig sind, damit die Leser den Comic verstehen.

Tipps für einen Comic:

- Schreibt für jedes Bild einen Stichwortzettel.
- Nummeriert die Zettel.
- Jeder malt seine Bilder.
- Schreibt in die Sprechblasen, was die Personen sagen oder was die Leser des Comics wissen müssen.
- Fügt die einzelnen Bilder zu einem Comic zusammen.

2. Überlegt, wie ihr eure Comics veröffentlichen könnt.

Im Land der Dämmerung

Manchmal sieht Mama so richtig traurig aus. Daran ist nur mein Bein schuld. Ein ganzes Jahr lang habe ich nun dieses kranke Bein. So lange liege ich schon im Bett. Ich kann überhaupt nicht gehen. Das macht Mama traurig. Einmal hörte ich sie zu Papa sagen: „Weißt du, ich glaube, Göran wird niemals wieder gehen können.“ Das sollte ich natürlich nicht hören.

Den ganzen Tag liege ich in meinem Bett und lese oder male und baue mit dem Stahlbaukasten.

Wenn es dämmerig wird, kommt Mama herein und fragt: „Wollen wir Licht machen oder willst du Dämmerstunde halten wie immer?“
Und dann antworte ich, dass ich Dämmerstunde halten will wie immer. Mama geht wieder in die Küche.

Und in dem Augenblick klopft Herr Lilienstängel ans Fenster. Herr Lilienstängel gehört zum Volk der Dämmerung. Er wohnt im Land der Dämmerung.

Man nennt es auch „das Land, das nicht ist“. Jeden Abend nimmt mich Herr Lilienstängel mit ins Land der Dämmerung.
Nie werde ich vergessen, wie er mich das erste Mal abholte. Das war übrigens genau an dem Tag, als Mama gesagt hatte, ich werde wohl niemals wieder gehen können. Und so ist es zugegangen:

Es begann zu dämmern. In den Zimmerecken war es schon ganz dunkel. Ich wollte kein Licht haben, weil ich gerade gehört hatte, was Mama zu Papa draußen in der Küche gesagt hatte, und ich lag da und dachte nach, ob ich wirklich nie mehr würde gehen können, und ich dachte auch an die Angel, die ich zu meinem letzten Geburtstag bekommen hatte und die ich nun vielleicht nie benutzen konnte, und – ja, es ist schon möglich, dass ich ein bisschen geweint habe.

Da hörte ich am Fenster ein Klopfen. Wir wohnen oben, im dritten Stock. Deshalb wunderte ich mich. Wer in aller Welt konnte da draußen ans Fenster klopfen? Es war kein anderer als Herr Lilienstängel! Er kam geradewegs durchs Fenster. Obwohl das Fenster geschlossen war. Er war ein sehr kleiner Herr mit einem karierten Anzug und einem hohen schwarzen Hut auf dem Kopf. Er nahm den Hut ab und verbeugte sich.

Ich verbeugte mich auch – so gut ich es in meinem Bett konnte. „Mein Name ist Lilienstängel“, sagte er. „Ich spaziere überall hier in der Stadt so ein bisschen an den Fenstern vorbei, um nachzusehen, ob es Kinder gibt, die ins Land der Dämmerung wollen. Vielleicht möchtest du?“

„Ich kann leider nirgendwohin gehen“, sagte ich. „Ich habe ein krankes Bein.“ Aber da kam Herr Lilienstängel zu mir und nahm mich bei der Hand. „Spielt keine Rolle“, sagte er. „Spielt gar keine Rolle im Land der Dämmerung.“

Und so stiegen wir beide durchs Fenster, ohne es zu öffnen. Auf dem Fenstersims blieben wir stehen und sahen uns um. Da lag Stockholm in der Dämmerung, in einer ganz weichen, blauen Dämmerung. Auf den Straßen war kein Mensch zu sehen. „Jetzt fliegen wir“, sagte Herr Lilienstängel. Und das taten wir. Wir flogen bis hinauf zum Turm der Klara-Kirche. „Ich will nur mal kurz ein paar Worte mit dem Wetterhahn reden“, sagte Herr Lilienstängel. Aber der Wetterhahn war nicht da. „Er macht sicher seine Dämmerrunde“, sagte Herr Lilienstängel. „Er wird irgendwo herumflattern, um hier im Klara-Viertel zu sehen, ob es Kinder gibt, die ins Land der Dämmerung wollen. Komm, wir fliegen weiter.“

Dann flogen wir durch unser geschlossenes Fenster und ich plumpste in mein Bett. „Morgen in der Dämmerstunde sehen wir uns wieder“, sagte Herr Lilienstängel. Und dann war er verschwunden. Und gerade da kam Mama herein und machte Licht.

Das war das erste Mal, dass ich Herrn Lilienstängel traf. Jetzt kommt er jeden Tag und holt mich ab ins Land der Dämmerung. Oh, es ist ein so wunderbares Land! Es ist so herrlich, dort zu sein. Es macht gar nichts, wenn man ein krankes Bein hat. Denn im Land der Dämmerung kann man fliegen.

Astrid Lindgren

1. Als Göran wieder in seinem Bett liegt, verabschiedet sich Herr Lilienstängel: „Morgen in der Dämmerstunde sehen wir uns wieder!“
Schließe die Augen und stell dir vor, wohin die nächste Reise geht und welche Abenteuer die beiden noch erleben.

2. In einer Dämmerstunde besuchte Herr Lilienstängel Göran zum ersten Mal.
Herr Lilienstängel sagte: „Ich heiße Lilienstängel.“
Er fragte: „Willst du mit mir ins Land der Dämmerung fliegen?“
Göran rief: „Ich kann doch nicht!“

Schreibe das Gespräch zwischen Göran und Herrn Lilienstängel auf.
Markiere den Doppelpunkt und die Redezeichen farbig.

Göran rief:

Herr Lilienstängel sagte:

Göran fragte:

Herr Lilienstängel vermutete:

Wir fliegen ja!

Wir fliegen zur Kirchturmspitze.

Wo ist denn der Wetterhahn?

Der Wetterhahn ist nicht da.
Er macht seine Dämmerrunde.

Prüfe, ob du die richtigen Satzzeichen verwendet hast.
Achte besonders auf den Doppelpunkt nach dem Begleitsatz und die Redezeichen bei der wörtlichen Rede.

★ **3.** Herr Lilienstängel lädt dich ins Land der Dämmerung ein. Erzähle.

Wortfamilie fliegen

herumfliegen

das Flugzeug

die Fliege

der Rundflug

der Hinflug

abfliegen

der Flug

> Alle Wörter, die zu einer Wortfamilie gehören, haben den gleichen Wortstamm oder verwandte Wortstämme.
> Wortfamilie fliegen: Flieg/flieg, Flug/flug

1. Schreibe die Wörter der Wortfamilie fliegen ab und markiere den Wortstamm. Ergänze weitere Wörter.

Göran erzählt seiner Mutter:

„Herr Lilienstängel hat an mein Fenster geklopft. Wir haben uns an der Hand gefasst. Dann sind wir über die Stadt geflogen. Nach einer Weile sind wir auf dem Kirchturm gelandet."

In Görans Tagebuch steht:

Herr Lilienstängel klopfte an mein Fenster. Wir ...

2. Göran verwendet unterschiedliche Vergangenheitsformen. Schreibe in die Tabelle.

Grundform	einfache Vergangenheit	zusammengesetzte Vergangenheit
klopfen	er klopfte	er hat geklopft

Vergangenheitswörter lesen

fliegen	–	wir flogen	–	wir sind geflogen
fliehen	–	wir flohen	–	wir sind geflohen
ziehen	–	wir zogen	–	wir haben gezogen
wiegen	–	wir wogen	–	wir haben gewogen

Das h hörbar machen

Bei manchen Verben kannst du das h
in der Grundform hören, wenn du in Silben sprichst.

1. Schreibe die Wörter in Silben auf.
sie geht – ge-hen

sie ge■t | er nä■t | es ste■t | sie sprü■t | er mä■t | sie ru■t | er lei■t

2. Markiere den ersten Buchstaben der zweiten Silbe.
sie geht – ge-hen

3. Verändere die Verse so, dass du folgende Reimwörter verwenden kannst:

zie-hen | flie-hen | we-hen | dre-hen | blü-hen | glü-hen

Am Himmel eine Wolke zieht,
ein Hase vor dem Jäger flieht,
am Mast die große Fahne weht,
der Wetterhahn sich lustig dreht.
Am Zaun noch eine Blume blüht,
vor Kälte mir die Wange glüht.

Am Himmel Wolken ziehen...

4. Schreibe Wörter auf, die zur Wortfamilie gehen gehören.
Markiere den Wortstamm. Was fällt dir auf?

5. Bei diesen Wörtern kannst du das h hörbar machen,
wenn du sie verlängerst.

nah | Kuh | Zeh | früh | Schuh

6. Auch bei diesen Wörtern kannst du das h hörbar machen.

Drehtür | Stehlampe | Glühbirne | Sprühdose
Mähmaschine | Nähnadel

Schreibe so: Sprühdose – sprühen

Ein Mond für Leonore

Es war einmal eine kleine Prinzessin, die lebte in einem Königreich am Meer und hieß Leonore. Sie war zehn Jahre alt und wurde bald elf. Eines Tages erkrankte Leonore, weil sie zu viele Himbeertörtchen gegessen hatte, und musste das Bett hüten.

Der Hofarzt kam zur Prinzessin und maß ihre Temperatur und fühlte ihren Puls und ließ sie die Zunge rausstrecken.

Der Hofarzt war besorgt. Er schickte nach dem König, Leonores Vater, und der König kam.

„Gibt es etwas, was dein Herz begehrt?", fragte der König.

„Ja", sagte die Prinzessin. „Ich will den Mond. Wenn ich den Mond haben kann, dann werde ich wieder gesund."

Da der König eine Menge kluger Männer hatte, die ihm immer alles beschafften, was er haben wollte, versicherte er seiner Tochter, dass sie den Mond haben könne.

Dann ging er in den Thronsaal und zog an einem Glockenzug, dreimal lang und einmal kurz, und sofort trat der Großkämmerer in den Saal.

Er war ein großer, dicker Mann, der eine dicke Brille trug, durch die seine Augen doppelt so groß aussahen, wie sie wirklich waren. Dadurch sah der Großkämmerer doppelt so klug aus, wie er wirklich war.

„Die Prinzessin will den Mond haben", sagte der König. „Nur wenn sie den Mond haben kann, wird sie wieder gesund."

„Den Mond?", rief der Großkämmerer aus und riss die Augen auf. Dadurch sah er viermal so klug aus, wie er wirklich war.

„Ja, den Mond", sagte der König. „M-o-n-d. Mond. Beschaff ihn mir bis heute Abend, spätestens bis morgen früh."

Der Großkämmerer wischte sich mit einem Taschentuch die Stirn und schnaubte sich dann geräuschvoll die Nase.

„Ich habe Euch im Laufe der Zeit eine ganze Menge Dinge beschafft, Eure Majestät", sagte er. „Rein zufällig habe ich eine Liste aller Dinge bei mir, die ich Euch beschafft habe, seit ich in Eurem Dienste stehe."

Er zog eine lange Pergamentrolle aus der Tasche.

„Ich habe Elfenbein, Affen und Pfauen beschafft, Rubine, Opale und Smaragde, rosa Elefanten und blaue Pudel, Goldkäfer, Engelsfedern und Hörner vom Einhorn, Riesen, Zwerge und Meerjungfrauen, fahrende Musikanten und tanzende Frauen …“

„Lassen wir mal die blauen Pudel“, sagte der König. „Jetzt will ich den Mond haben.“

„Der Mond kommt nicht in Frage. Er ist fünfunddreißigtausend Meilen weit weg und er ist größer als das Zimmer, in dem die Prinzessin liegt. Außerdem besteht er aus flüssigem Kupfer. Ich kann Euch den Mond nicht beschaffen. Blaue Pudel ja, den Mond nein.“

Der König geriet in hellen Zorn und befahl dem Großkämmerer, sich zu entfernen und den königlichen Zauberer in den Thronsaal zu schicken. Der königliche Zauberer war ein kleiner, dünner Mann mit einem langen Gesicht.

Er trug einen hohen roten spitzen Hut, der mit Silbersternen übersprenkelt war, und ein langes, blaues Gewand, das mit goldenen Eulen übersät war. Er wurde ganz blass, als der König ihm sagte, dass er für seine Tochter den Mond brauchte.

„Ich habe im Laufe der Zeit eine ganze Menge Zaubereien für Euch gemacht“, sagte der königliche Zauberer. „Zufällig habe ich eine Liste der Zaubereien, die ich für Euch vollbracht habe, bei mir.“ Er zog aus einer tiefen Tasche seines Gewands ein Blatt Papier hervor.

„Jetzt sehen wir mal: Ich habe Kaninchen aus Hüten gezogen und Hüte aus Kaninchen. Ich habe Blumen, Tamburine und Tauben aus dem Nichts hervorgezaubert und nichts aus Blumen, Tamburinen und Tauben. Ich habe euch Wünschelruten besorgt, Zauberstäbe und Kristallkugeln, in denen man die Zukunft sehen kann. Ich habe Zaubertränke, Salben und Pülverchen zum Kurieren von Liebeskummer, Ohrensausen und Völlegefühl verfertigt. Ich habe Euch Siebenmeilenstiefel besorgt und eine Kappe, die unsichtbar macht …“

„Wie auch immer", sagte der König. „Jetzt sollst du mir den Mond beschaffen. Die Prinzessin will den Mond haben und nur, wenn sie ihn bekommt, wird sie wieder gesund."

„Keiner kann den Mond beschaffen", sagte der Zauberer. „Er ist hundertundfünfzigtausend Meilen weit weg und er besteht aus Schimmelkäse und außerdem ist er doppelt so groß wie dieser Palast!"

Der König geriet in helleren Zorn und jagte den Zauberer zurück in seine Höhle. Dann läutete er nach dem Hofnarren.

Der Hofnarr kam in seinem Narrenkostüm mit Kappe und Schellen in den Thronsaal gehüpft und setzte sich zu Füßen des Throns.

„Was kann ich für dich tun, Majestät?", fragte der Hofnarr. „Keiner kann etwas für mich tun", sagte der König kummervoll. „Die Prinzessin Leonore möchte den Mond haben und sie wird nicht wieder gesund, ehe sie ihn hat. Aber keiner kann ihn ihr beschaffen. Mit jedem, den ich frage, wird der Mond größer und unerreichbarer. Du kannst nichts für mich tun, außer mir etwas auf deiner Laute vorspielen. Etwas Trauriges."

„Was sagen die Leute denn, wie groß der Mond ist?", fragte der Hofnarr. „Und wie weit ist er weg?"

„Der Großkämmerer sagt, er ist fünfunddreißigtausend Meilen weit weg und größer als das Zimmer der Prinzessin Leonore", sagte der König. „Der Zauberer wiederum sagt, er ist hundertundfünfzigtausend Meilen weit weg und doppelt so groß wie dieser Palast."

Der Hofnarr klimperte ein Weilchen auf seiner Laute herum. „Das sind alles kluge Männer", sagte er. „Also haben sie wohl auch recht. Wenn sie aber alle recht haben, dann ist der Mond für jeden genau so groß und genau so weit weg, wie er meint. Also müssen wir herausfinden, wie groß der Mond für unsere Prinzessin ist und was sie meint, wie weit weg er ist."

„Daran hatte ich nicht gedacht", sagte der König.

„Ich geh und frag sie, Majestät", sagte der Hofnarr.

Und er schlüpfte lautlos in das Zimmer des kleinen Mädchens.

Prinzessin Leonore war wach und sie freute sich, den Hofnarren zu sehen, aber ihr Gesicht war sehr blass und ihre Stimme sehr matt.

„Hast du mir den Mond mitgebracht?", fragte sie.

„Noch nicht", sagte der Hofnarr, „aber den besorg ich dir gleich. Was meinst du wohl, wie groß er ist?"

„Er ist grad ein bisschen kleiner als mein Daumennagel“, sagte sie. „Denn wenn ich meinen Daumennagel vor den Mond halte, dann deckt er ihn gerade so ab.“

„Und wie weit weg ist er?“, fragte der Hofnarr. „Er ist nicht ganz so hoch wie der große Baum vor meinem Fenster“, sagte die Prinzessin. „Denn manchmal bleibt er in den obersten Zweigen hängen.“

„Das wird ein Kinderspiel, den Mond für dich zu holen“, sagte der Hofnarr. „Wenn er heute Nacht in den obersten Zweigen hängen bleibt, klettere ich auf den Baum und bring ihn dir.“

Dann fiel ihm noch etwas ein. „Aus was ist der Mond eigentlich, Prinzessin?“, fragte er.

„Na, aus Gold natürlich, du Dussel.“

Der Hofnarr verließ das Zimmer der Prinzessin Leonore und suchte den Hofgoldschmied auf. Er ließ ihn einen winzigen runden goldenen Mond machen: gerade ein bisschen kleiner als der Daumennagel der Prinzessin Leonore. Dann ließ er den Mond auf ein goldenes Kettchen aufziehen, damit die Prinzessin ihn sich um den Hals hängen konnte.

Der Hofnarr brachte der Prinzessin Leonore den Mond und sie war überglücklich. Am nächsten Tag war sie wieder gesund und konnte aufstehen und in den Garten spielen gehen.

James Thurber

1. Warum kann der Narr Prinzessin Leonore helfen? Sprecht darüber.

2. Der König war noch immer besorgt. Er wusste, dass der Mond in der kommenden Nacht wieder am Himmel stehen würde …
Schreibe die Geschichte weiter.

3. Die Geschichte ist ein Märchen. Woran könnt ihr das erkennen? Überlegt gemeinsam.

Theater spielen

Das Märchen von Prinzessin Leonore lässt sich gut als Spiel aufführen. Dazu müsst ihr den Text in ein Theaterstück umschreiben.
Im Text könnt ihr verschiedene Spielabschnitte (Szenen) finden.
In jedem Abschnitt treten verschiedene Personen auf.
Manche Personen kommen oft vor, manche nur selten.

1. Überlegt euch zuerst, welche Personen in dem Märchen vorkommen:
   König, Prinzessin, ...

1. Szene:
   König, Prinzessin, Arzt
2. Szene: ...
3. Szene: ...
4. Szene: ...
5. Szene: ...
6. Szene: ...
7. Szene: ...

2. Lest den Text noch einmal. Sucht die einzelnen Szenen heraus und schreibt die Personen auf, die darin auftreten.

3. Jede Szene wird von einer Gruppe erarbeitet. Verteilt die Szenen und gebt eurer Szene eine Überschrift.

Die kranke Prinzessin

Die Prinzessin und der Narr

4. Lest eure Szene mit verteilten Rollen. Erprobt unterschiedliche Arten zu sprechen. Gebt euch gegenseitig Tipps.

5. Überlegt, was die Personen noch fragen oder sagen könnten. Spielt die Gespräche.

6. Schreibt für jede Szene auf,
- was jede Person zu sagen hat,
- wie sie es sagen soll und
- wann sie an der Reihe ist.

Ihr könnt Sätze aus dem Märchen übernehmen oder euch eigene Sätze überlegen.

1. Szene		
König	(besorgt)	Meine liebe Tochter, wie geht es dir heute?
Prinzessin	(leise)	...
Arzt		

7. Wenn ihr euer Stück vor euren Eltern aufführen wollt, könnt ihr sie schriftlich einladen.
Was sollte in der Einladung stehen?
Überlegt euch einen passenden Text.
Schreibt die Einladungen mit dem Computer.

8. Wenn ihr das Stück anderen Kindern in der Schule vorspielen wollt, könnt ihr mit einem Plakat für eure Vorstellung werben.
Entwickelt und gestaltet das Plakat gemeinsam.

9. Ihr könnt das Theaterstück auch als Puppenspiel aufführen.
Bastelt Stabfiguren oder Puppen aus Kochlöffeln.
Schreibt auf, welche Materialien ihr dazu benötigt.

Was macht der Hofstaat?

schauen wischen liegen

spielen bekommen bringen

putzen tragen rufen finden sein

Die Prinzessin ___ im Bett.

Der König ___ den Großkämmerer, den Zauberer und den Hofnarren.

Der Großkämmerer ___ sich mit einem Taschentuch über die Stirn und ___ sich geräuschvoll die Nase.

Der Zauberer ___ einen hohen roten und spitzen Hut.

Er ___ auf seine Liste und ___ keine Lösung.

Der König ___ einen Wutanfall.

Der Hofnarr ___ auf seiner Laute.

Der Hofnarr ___ endlich den Mond zu Prinzessin Leonore.

Die Prinzessin ___ überglücklich.

1. Setze die Verben passend ein und unterstreiche sie rot.

2. Verändere einige Sätze.
Du kannst sie umstellen oder erweitern.
Unterstreiche in deinen Sätzen das Subjekt (Satzgegenstand) blau und das Prädikat (Satzkern) rot.

Die Prinzessin liegt im Bett.
Liegt die Prinzessin im Bett?

Prüfe, ob du am Satzende das richtige Satzzeichen verwendet hast.

Wörter mit doppeltem Mitlaut

Es war einmal eine Prinzessin, die hieß Leonore.
Sie war krank und musste deshalb im Bett liegen.
Der König war besorgt und versprach:
„Du bekommst alles, was dein Herz begehrt."
Die Prinzessin wollte den Mond.
Da rief der König zuerst den Großkämmerer
und dann den Zauberer.
Aber alle konnten den Mond nicht beschaffen.
Zum Schluss holte der König den Hofnarren.
Er kam in seinem Narrenkostüm mit Kappe
und Schellen in den Thronsaal gehüpft.
Der König erzählte ihm von seinem Kummer.
Da kletterte der Hofnarr auf einen Baum und holte
der Prinzessin den Mond.

1. Schreibe die Geschichte ab.

2. In der Geschichte gibt es viele Wörter
mit doppeltem Mitlaut.
Markiere den doppelten Mitlaut
und kennzeichne den Selbstlaut davor.
Prinzessin, ...

Wenn nach einem kurzen Selbstlaut nur ein Mitlaut
zu hören ist, wird er verdoppelt.
So**nn**e, e**ss**en, i**mm**er, ...

3. Suche weitere Wörter mit zwei Silben und doppeltem Mitlaut
in der Wörterliste.
Schreibe sie in Silben auf.

Prüfe, ob du die Wörter richtig getrennt hast.

Ohne Wasser
... sitzen wir auf dem Trockenen

Müll vergiftet nicht das Wasser.

Bäume haben genügend Wasser.

Das Wasser wird nicht so stark verschmutzt.

Es wird weniger Wasser verbraucht.

Tiere in Seen und Flüssen bleiben gesund.

Flüsse und Seen bleiben sauber.

1. Beim Umweltschutz gehört vieles zusammen.
   Wähle drei Tropfen aus, die für dich besonders wichtig sind.
   Begründe deine Auswahl.

2. Welche Tropfen gehören zusammen?

Beim Duschen spare ich Wasser.

Es wird weniger Wasser verbraucht.

Es gibt genügend Trinkwasser.

Wenn ich beim Duschen Wasser spare, dann wird weniger Wasser verbraucht. Wenn weniger Wasser verbraucht wird, dann ...

Umweltschutz – warum ist das wichtig?

Umwelt, das ist zum einen alles, was uns umgibt: unsere Familie, unsere Freunde, die Stadt, in der wir wohnen, mit ihren Menschen, Straßen, Häusern, Autos, Bäumen, Parks und Tieren.
Umwelt meint aber auch die Natur, Erde, Wasser, Sonne und Luft.
Es gibt viele Möglichkeiten, die Umwelt zu schützen, auch für Kinder. Wenn du dich informieren möchtest, kannst du zum Beispiel auf der Homepage des Umweltbundesamtes unter www.umweltbundesamt.de/kinder/index.htm nachsehen.
Umweltschutz fängt immer schon im Kleinen an. Den Müll trennen, Wasser sparen, nicht unnötig das Licht brennen lassen und öfter mal mit dem Fahrrad statt mit dem Auto fahren, all diese Dinge können wir selber für die Umwelt tun. Aber da auf unserer Erde alles mit allem zusammenhängt, ist Umweltschutz auch ein weltweites Problem.
Da sind zum Beispiel natürliche Rohstoffe wie Öl, Kohle, Wasser und Holz, die vom Menschen verbraucht werden, obwohl sie nicht unendlich vorhanden sind. Es wäre besser, es würden zum Beispiel nicht mehr Bäume abgeholzt als nachwachsen können. Da aber sehr viel Holz gebraucht wird und oft auch noch der Boden, auf dem Bäume wachsen, für andere Dinge verwendet werden soll, ist das nur schwer durchzusetzen.
Besonders das großflächige Abholzen von Regenwäldern ist ganz verkehrt, denn Pflanzen sind sehr wichtig für die Luft, die wir atmen.
Sie haben nämlich die Fähigkeit, unsere Luft zu erneuern. Wenn es also immer weniger Waldflächen auf der Erde gibt, wird auch die Luft immer schlechter.
Umso schlimmer ist es da, dass wir Menschen seit Jahrzehnten weltweit immer mehr Fabriken und Kraftwerke bauen und immer mehr Autos fahren. Angeblich gibt es inzwischen fast eine Milliarde Autos auf der Welt. Würde man all diese Autos hintereinanderstellen, wäre diese Reihe dreimal so lang wie die Entfernung zwischen Erde und Sonne.

1. Schreibe die Antworten auf.
   - Welche natürlichen Rohstoffe werden genannt?
   - Warum sind die Regenwälder wichtig?

Viktor, 10 Jahre

Vater aus Spanien, Mutter aus Deutschland,
möchte etwas gegen den Klimawandel tun

Was siehst du, wenn du aus deinem Fenster schaust?
Ich blicke direkt auf die Mülltonnen im Hof, auf einen Fahrradständer und eine kleine Wiese mit zwei Bäumchen.
Wo ist dein Lieblingsplatz?
In unserem Sommerhaus in Galizien hoch oben auf dem Berg mit Blick aufs Meer. Da haben wir viel Platz.
Was würdest du gerne an der Welt ändern?
Den Klimawandel und die Hungersnöte.
Was haben dir deine Eltern aus der Zeit erzählt, als du ein Baby warst?
Dass eine Rakete gestartet ist, als ich geboren wurde. Und dass ich Victor wie Ottor ausgesprochen habe.
Was magst du gar nicht?
Wenn mein Bruder mich ärgert und wir streiten. Ich mag das Geschreie nicht, das tut in den Ohren weh und man fühlt sich blöd, wenn der andere sich aufregt.
In wen würdest du dich gerne für einen Tag verwandeln?
In gar niemanden, ich mag mich, wie ich bin.
Wenn du Gott eine Frage stellen könntest, welche wäre das?
Wie siehst du aus? In der Kirche wird er mal als Auge, mal als Taube dargestellt.
Was ist dein größter Wunsch?
Ins Weltall zu fliegen. Ich möchte wissen, wie es ist, in der Schwerelosigkeit zu sein und die Erde aus der Ferne zu betrachten.
Wovor fürchtest du dich?
Vor einem großen Brand. Wir wohnen im Erdgeschoss und haben Gitter vor den Fenstern. Ich hätte Angst zu verbrennen.
Was macht dich glücklich?
Wenn ich lese, dann kann ich alles vergessen. Oder wenn ich alleine und ganz für mich bin.

Bäume

Ich schenke dir diesen Baum.
Aber nur,
wenn du ihn wachsen lässt,
da wo er steht;
denn Bäume sind keine Ware,
die man einfach mitnehmen kann.
Sie keimen und wurzeln
in unserer alten Erde,
werden hoch wie ein Haus
und vielleicht sogar älter als du.

Ich schenke dir diesen Baum,
das Grün seiner Blätter,
den Wind in den Zweigen,
die Stimme der Vögel dazu
und den Schatten,
den er im Sommer gibt.

Ich schenke dir diesen Baum,
nimm ihn wie einen Freund,
besuche ihn oft,
aber versuche nicht, ihn zu ändern.
So wirst du sehen,
dass du viel von ihm lernen kannst.
Eines Tages sogar
seine Weisheit und Ruhe.
Auch wir sind nämlich Bäume,
die in Bewegung geraten sind.

Harald Braem

Dieser Baum ist knorrig,
weil er alt ist.
Er ist verzweigt,
weil er viel erlebt hat.
Er ist nicht schön,
aber in seinen Zweigen
ist ein Nest.

Klaus Kordon

der grüne Baum
der silberne Baum
der gelbe Baum
der rote Baum
der schwarze Baum
der weiße Baum
der zarte Baum

Eugen Gomringer

Baum
Baum Baum
Baum Baum Baum
Baum Baum Baum
Baum Baum Nest Baum
Baum Baum Baum
Baum Baum Baum
Baum Baum Baum
Baum Baum Baum
Baum Baum
Baum
Baum
Baum
Baum
Baum
Baum

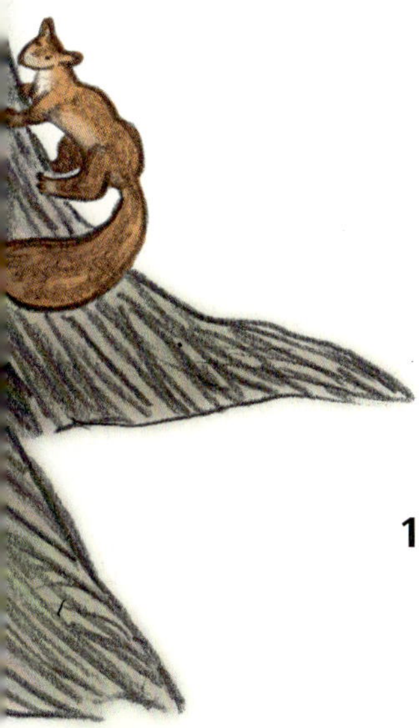

1. Gestalte ein Baumbuch.

Waldjugendspiele

Um den Wald zu schützen, müssen wir Regeln beachten.
Mit verständlichen Zeichen – sogenannten Piktogrammen – werden diese Regeln dargestellt.

1. Erkläre die Piktogramme.

Die Kinder der 3. Klassen führen jedes Jahr Waldjugendspiele durch.
Sie haben einen Parcours durch den Wald vorbereitet.
An den verschiedenen Stationen müssen die Kinder Aufgaben lösen.

Station 1: Holz ist ein beliebter Rohstoff.
Hier könnt ihr gefällte Stämme sehen,
die bald abtransportiert werden.
Dieses Holz wird auch als Rundholz bezeichnet.
Nennt fünf Gegenstände, die aus Holz
gefertigt werden.

2. Überlegt euch weitere Aufgaben für Waldjugendspiele.

Wörter mit ä und äu

Im W■ld stehen viele verschiedene B■me. Die B■marten erkennt man an dem einzelnen Bl■tt. Der St■mm verr■t dir, ob der B■m alt ist. Gr■ser und Blumen ern■hren die Tiere. Deshalb soll man keine Str■ße pflücken. Kein Tier muss im K■fig leben, sondern kann sich frei in den W■ldern bewegen. Viele Tiere sind sehr scheu und wenn sie L■rm hören, ergreifen sie die Flucht. Auch in der N■cht muss der Förster keine ■ngst haben, denn es ist dann nicht gef■hrlicher als am T■g.

1. a, ä, au oder äu?
   Schreibe die Sätze richtig auf.

2. Schreibe die Wörter aus dem Text in die Tabelle.
   Markiere ä und äu.
   Achtung! Zu zwei Wörtern mit ä findest du kein Wort mit a.

aus a wird ä	aus au wird äu
Gras – Gräser	Baum – Bäume

3. Bilde mit diesen Wörtern Sätze.

Draht – Drähte | nass – Nässe | raten – Rätsel

Geheimschrift lesen

DERFÖR STERKLET TERTAUF DENHOCH SITZ.
INSEI NEMRUCK SACK STECKTEIN FERNGLAS.
ESIST EINNACHT SICHTGERÄT.
WICH TIGIST, DASSER SICHGANZ RUHIGVER HÄLT,
DA MIT DIETIE REDES WAL DESNICHT FLÜCHTEN.

Der Regenwurm

Ein, zwei Spatenstiche im Garten und wir befördern mit großer Wahrscheinlichkeit auch einen Regenwurm mit ans Tageslicht. Man kann ihn gefahrlos in die Hand nehmen, von der anhaftenden Erde befreien und ihn etwas näher betrachten. Von einem Körperende bis zum anderen ist der Regenwurm in viele gleichmäßige Ringe unterteilt. Legen wir ihn auf ein Stück Papier, so hören wir vielleicht ein leises, kratzendes Geräusch. Es rührt von den kleinen Borsten her, die aus der Körperwand der einzelnen Ringe hervorragen. Diese Borsten stemmt der Regenwurm in die Erde, wenn er sich fortbewegt.

Hat man ihn einige Sekunden lang nicht beobachtet, hat er inzwischen seine Gestalt vollkommen verändert: War er vorher lang und dünn, so ist er jetzt kurz und dick geworden. Indem er seine Muskeln, die sich unter der Haut befinden, abwechselnd zusammenzieht und wieder dehnt, kann er sich langsam fortbewegen.

Zwar kann man am Regenwurm keine Augen erkennen, aber er kann Hell und Dunkel gut unterscheiden. Er versucht nämlich, so schnell wie möglich wieder in die Erde zu kriechen, wenn er ins Tageslicht geraten ist. Im Erdreich bohrt er lange Gänge und durchzieht es mit einem Netz von Röhren. Die Erde wird dadurch aufgelockert und durchlüftet. Bauern und Gärtnern erspart der Regenwurm oft das Umpflügen und Umgraben und sorgt so bestens für das Wachstum der Pflanzen.

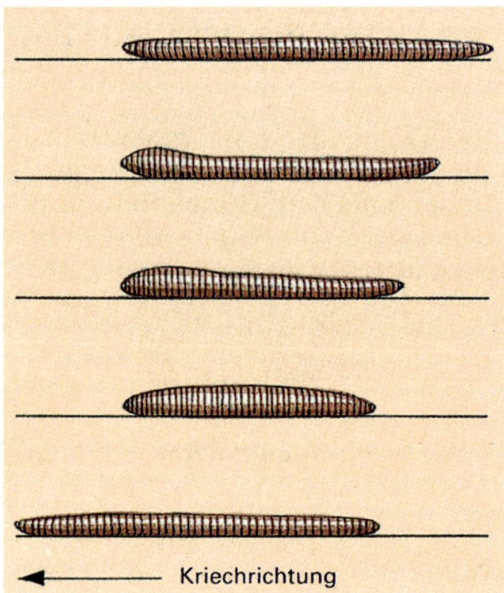

Durch Zusammenziehen und Strecken des Körpers bewegt sich der Regenwurm vorwärts.

Er ernährt sich von verfaulenden Pflanzenresten, die er mit der Erde laufend in sich hineinfrisst. Manchmal zieht er sogar Pflanzenteile in die Erde, um sie später, wenn sie verfault sind, zu fressen. Schneidet man beim Umgraben einmal einen Regenwurm durch, bedeutet das noch nicht den Tod des Tieres. Meist bildet der größere Teil das fehlende Ende wieder nach.
Bei starkem Regen füllen sich die Gänge des Regenwurms im Erdreich mit Wasser. Der Regenwurm droht dann zu ersticken und kommt deswegen zum Atmen an die Erdoberfläche. Daher hat er den Namen Regenwurm.

Wolfgang de Haën/Franz Moisl

1. Gestalte ein Informationsblatt zum Regenwurm.
- Wie sieht der Regenwurm aus?
- Wie bewegt er sich fort?
- Welche für die Umwelt wichtige Aufgabe erfüllt er?
- Wie kommt er zu seinem Namen?

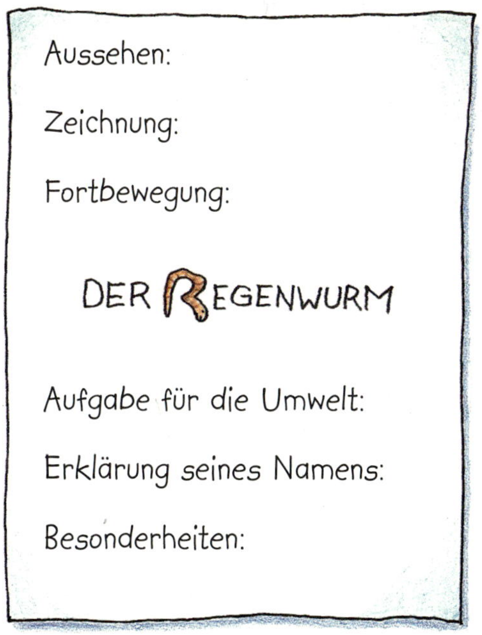

Erdbeben

Die Erde besteht aus vielen Einzelteilen. In ihrem Kern ist die Erde flüssig und heiß. Ein Erdbeben entsteht, weil die Erdoberfläche vor langer Zeit in verschiedene Schollen zerbrochen ist. Diese Platten, zu denen Kontinente und Ozeanböden gehören, verschieben sich. Dann reiben die Kanten der Erdplatten aneinander. Die Kanten sind rau und verhaken sich ineinander. Irgendwann löst sich die „Verhakung“ und die Erdplatten bewegen sich mit einem Ruck. Diesen Ruck spüren wir als Erdbeben.

Die Erde bebt, seit es sie gibt: seit 4,5 Milliarden Jahren. Bei einem Erdbeben schwankt der Erdboden. Das kann ein paar Sekunden dauern oder einige Minuten. Dadurch können Gebäude und Straßen Risse bekommen. Oft stürzen Häuser, Brücken und Tunnel ein und es können sich Spalten im Erdboden öffnen. Welche Zerstörung ein Erdbeben anrichtet, hängt von seiner Stärke ab und wie weit man entfernt ist.

Täglich bebt unsere Erde. Es gibt etwa 2 300 schwache und ungefähr 15 stärkere Erdbeben. Viele Erdbeben sind so schwach, dass sie von den Menschen nicht bemerkt werden. Die Erschütterungen der Erde können aber mit besonderen Geräten gemessen werden. Diese Geräte heißen Seismografen.

Es gibt auch Erdbeben unter Wasser. Wenn der Ozeanboden bebt, kann das Wasser darüber gehoben und wieder abgesenkt werden. Dann entsteht eine besondere Welle, die Tsunami genannt wird. Auf dem Ozean ist diese Welle flach. Aber wenn sie in Küstennähe kommt, kann sie bis zu 30 Meter hoch und sehr gefährlich werden. Bevor eine Riesenwelle das Land erreicht, zieht sich das Meerwasser ungewöhnlich stark von der Küste oder vom Strand zurück. Um sich in Sicherheit zu bringen, müssen die Menschen sofort ins Landesinnere oder an eine erhöhte Stelle laufen.

1. Die im Text markierten Wörter sind Fachbegriffe.
Finde ihre Bedeutung heraus.

Tipps für Fachbegriffe:

- Lies zuerst noch einmal genau im Text nach, ob der Fachbegriff dort bereits erklärt wird.
- Wenn du das Wort noch nicht verstehst: Frage nach, ob dir jemand das Wort erklären kann.
- Wenn dir niemand das Wort erklären kann: Schlage im Lexikon nach oder suche im Internet.

2. Legt eine Kartei mit Fachbegriffen an.
Ihr könnt auch mit dem Computer schreiben.

Kontinent:
Kontinente sind Landmassen auf der Erde. Es gibt sieben Kontinente: Afrika, Antarktis, Australien, Europa, Nordamerika und Südamerika und Asien.

3. Ordne die Überschriften den Abschnitten zu.
Schreibe sie in der richtigen Reihenfolge auf.

Erdbeben unter Wasser

Erdbeben und ihre Folgen

Wie entsteht ein Erdbeben?

Wie viele Erdbeben gibt es jeden Tag?

Kleines Nilpferd, große Freundschaft

Das hier ist die wahre Geschichte von zwei großen Freunden: dem Nilpferdbaby Owen und der Riesenschildkröte Mzee, die schon über 130 Jahre alt ist. Und so ist alles gekommen:

Bevor das Nilpferdbaby als Owen berühmt wurde, lebte es mit seiner Mutter in einer Herde mit ungefähr zwanzig anderen Nilpferden. Die Nilpferde fraßen und suhlten sich im Sabaki River in Kenia, einem Land an der Ostküste von Afrika. Als der Kleine ungefähr ein Jahr alt war, wurde der Fluss von heftigen Dezemberregen überschwemmt. Die tobenden Wassermassen rissen Owen und seine Familie weit flussabwärts, bis das Süßwasser salzig wurde und der Fluss bei der kleinen Küstenstadt Malindi in den Indischen Ozean mündete. Tagelang versuchten die Einwohner von Malindi, die Nilpferde wieder flussaufwärts zu jagen. Aber die Nilpferde ließen sich nicht vertreiben. Am Morgen des 26. Dezember 2004 rollten plötzlich riesige Wellen gegen die Küste an und überschwemmten die Strände.

Viele einheimische Boote wurden zerstört und viele Fischer mussten gerettet werden. Nach kurzer Zeit beruhigte sich das Meer wieder, aber der Schreck saß allen in den Knochen. Ein ganzer Tag verging, bis die Leute endlich daran dachten, nach den Nilpferden Ausschau zu halten. Die Dorfbewohner konnten nur ein einzelnes Nilpferd im Meer ausmachen – ein Baby ohne seine Mutter, das im Seegras auf einem sandigen Korallenriff gestrandet war. Das Kleine war müde und verängstigt und zu schwach, um aus eigener Kraft ans Ufer zu kommen.
Bald arbeiteten Hunderte von Dorfbewohnern und Touristen zusammen, um das Nilpferdbaby zu retten. Es zeigte sich schnell, dass die Rettungsaktion nicht einfach war. Das Nilpferdbaby war nur etwa einen halben Meter groß, aber es brachte gut 270 Kilo auf die Waage und es war glitschig und stark. Endlich gelang es den Rettern, das Nilpferd mit einem stabileren Hai-Netz zu fangen. Ein mutiger Urlauber namens Owen Sobien packte das kleine Nilpferd und hielt es so lange fest, bis die anderen das Netz befestigt hatten. Deshalb wurde Owen auch nach seinem Retter benannt.
Die Leute wussten nicht, was sie jetzt mit Owen machen sollten. Sie riefen im Naturpark Haller Park an. Die Leiterin des Tierparks erklärte, dass Owen nicht in die Wildnis zurückgebracht werden könnte, weil er noch ein Baby war und nicht gelernt hatte, für sich selber zu sorgen. Er hatte auch keine Chance, von einer anderen Nilpferdfamilie aufgenommen zu werden – die fremde Familie würde ihn nur als Eindringling betrachten und angreifen.

Die Leiterin und ihr Chef-Tierpfleger fuhren nach Malindi und eine Biologin bereitete mit ihren Helfern alles für Owens Ankunft vor. Sie wählten einen Bereich des Parks aus, in dem es einen Teich und eine Schlammsuhle gab, außerdem hohe Bäume und Büsche – alles, was ein Nilpferd sich nur wünschen kann. Hier lebten bereits einige Buschböcke und Meerkatzen und die Riesenschildkröte Mzee. Mzee, dessen Name „weiser, alter Mann“ bedeutet, war das älteste Tier im Park. Er war ungefähr 130 Jahre alt und nicht sehr zutraulich.

Als Owen im Haller Park ankam, war er geschwächt und erschöpft. Die Helfer machten die Seile los, mit denen er angebunden war, und Owen stürzte sofort vom Lastwagen herunter und lief schnurstracks zu Mzee. Der Kleine kauerte sich hinter Mzee, so wie Nilpferdbabys es häufig machen, wenn sie hinter ihrer Mutter Schutz suchen. Zuerst war Mzee gar nicht begeistert über Owens Anhänglichkeit. Er zischte das Nilpferdbaby an und kroch weg. Aber Owen ließ sich die ganze Nacht nicht abschütteln und mit der Zeit akzeptierte Mzee seinen neuen Gefährten. Als die Parkwächter am nächsten Morgen nach den beiden Tieren sahen, lag Owen eng an Mzee gekuschelt da. Und Mzee hatte offenbar nichts dagegen.

Anfangs wollte Owen nicht fressen. Alle machten sich Sorgen, dass der Kleine noch schwächer werden würde. Dann sahen sie, wie Owen einträchtig neben Mzee graste, als ob Mzee ihm zeigte, wie er fressen musste. Oder vielleicht fühlte Owen sich in Mzees Nähe einfach geborgen und konnte deshalb wieder besser fressen. Niemand wird es je erfahren. Nur eines steht fest: Die Freundschaft mit Mzee half dem Nilpferdbaby, über die Trennung von seiner Mutter und die schrecklichen Stunden draußen im Meer hinwegzukommen.

Isabella und Craig Hatkoff

Nilpferd (2) liebt Schildkröte (130)

NAIROBI. Der Altersunterschied ist gewaltig. Das stört Owen (2) jedoch überhaupt nicht. Ein Jahr nach dem verheerenden Tsunami im Indischen Ozean hält das junge Nilpferd an seinem Freund Mzee (130) fest: Die Schildkröte erwidert die Zuneigung auf ihre Art.

Die Beziehung zwischen Owen und Mzee überraschte die Tierschützer in Kenia und machte international Schlagzeilen. Das Nilpferd hatte mit seiner Familie am Ufer des Sabakis gelebt, als die riesige Welle Owen auf das Meer hinaustrug und er schließlich auf einem Riff strandete. Bewohner des Küstenortes Malindi befreiten das kleine Nilpferd aus seiner misslichen Lage und brachten es im Naturschutzpark Haller bei Mombasa unter. Dort traf Owen, benannt nach einem der Retter, auf Mzee und betrachtete den Senior fortan als neue Familie. Die Riesenschildkröte widersetzte sich anfangs der Annäherung, doch Owen gab nicht auf: Er folgte Mzee überall hin, schwamm mit ihm und schlief an seiner Seite. Nach einigen Tagen gab die Schildkröte auf. Seitdem ist das ungleiche Paar unzertrennlich. Beide fressen gemeinsam, und Owen leckt dem Freund den Panzer.

Ap/HA *(30.12.2005)*

1. Du sollst als Reporter über Owens Geschichte berichten.
   Notiere Stationen im Leben von Owen.
   Lege für jede Station eine Karte an.
   Suche eine passende Überschrift und notiere Stichwörter,
   die für die Reportage wichtig sind.

Owen und seine Herde
- Sabaki River in Kenia an der Ostküste von Afrika
- Nilpferdbaby Owen 1 Jahr alt
- heftiger Dezemberregen reißt Nilpferdherde weg
- Malindi am Indischen Ozean

Tsunami am 26. Dezember 2004
- riesige Wellen überschwemmen Küste
- Boote werden zerstört
- Dorfbewohner finden Nilpferdbaby ohne Mutter

2. Bildet Gruppen und vergleicht eure Notizen.
   Legt fest, wer als Reporter über welche Station berichtet.
   Probt eure Reportage und nehmt sie auf. Berichtet eurer Klasse.

★ 3. Schreibe eine Geschichte darüber, was Owen und Mzee erlebten.

Prüfe, ob die Geschichte in einer Zeitform geschrieben ist.

Ähnliche Wörter

raten Ofen füllen spucken offen Riese kam Ratten
Hüte rief tränen fühlen Bett wissen Stahl Riss
lassen Kamm lasen Hütte Beet spuken trennen Schall
Wiesen Riff still Stall Schal Stiel

1. Schreibe die Wortpaare auf.
   Kennzeichne den kurzen und langen Selbstlaut.
   lassen – lasen, ...

2. Schreibe die Sätze mit dem passenden Wort auf.

Bett – Beet	Gemüse wächst auf meinem ▢, ins ▢ geh ich sehr gerne spät.
Stahl – Stall	Ein Pferd aus ▢ das Auto ist, das Pferd im ▢ gern Hafer frisst.
Riff – rief	Der Matrose ▢: „Das Schiff, es segelt ja ganz dicht am ▢."
spucken – spuken	Im Schloss, da ▢ die Gespenster, die Ritter ▢ aus dem Fenster.
Riese – Riss	Im Boden leicht ein ▢ entsteht, wenn der ▢ drübergeht.
tränen – trennen	Ach, wie oft die Augen ▢, wenn sich Liebespaare ▢.

★ 3. Wähle weitere drei Wortpaare aus und schreibe Sätze.

In den Bergen

Der Ausflug in die Berge wurde gefährlich, als ein Gewitter aufzog. Die Wanderer wollten in einer ___ Unterschlupf suchen, aber weit und breit waren nur nasse ___ und matschige Wege zu sehen. Die Blitze zogen über den Himmel und der ___ des Donners war bereits sehr laut. Es wurde so kalt, dass die Wanderer einen wärmenden ___ um den Hals gebraucht hätten. Schließlich ___ ein Wanderer mit dem Handy die Bergrettung, die alle sicher ins Tal brachte. Ein Retter meinte: „Bei uns ___ schon kleine Kinder, dass Gewitter in den Bergen lebensgefährlich sein können."

4. Schreibe die Sätze mit dem passenden Wort von Aufgabe 1 auf.

5. Diese Wörter benutzt du häufig.
Schreibe die Sätze mit dem passenden Wort auf.
Achte auf kurze und lange Selbstlaute.

im – den – ihn – wenn – denn – ihm – in – wen

___ kann ich fragen,
___ ich Hilfe brauche?

___ Fehler mache ich nicht,
___ ich achte auf lange und kurze Selbstlaute.

Wo ist mein Stift?
Ich suche ___ ___ allen Taschen.

Wer hilft Tim?
Julia hilft ___ ___ Matheunterricht.

Wörter mit aa, ee und oo

1. Für Wörter mit doppeltem Selbstlaut gibt es keine Regel.
   Zum Glück sind sie selten.
   Trage die Wörter in eine Tabelle ein.

aa	ee	oo
Haare		

2. Suche weitere Wörter mit doppeltem Selbstlaut und ergänze die Tabelle.

3. Bilde Sätze mit diesen Wörtern und schreibe sie auf.

Moor Moos Teer Aal

4. Suche ein Wort mit doppeltem Selbstlaut.
   Bilde zusammengesetzte Nomen.
   Markiere den doppelten Selbstlaut.

See
Seeigel
Seeigelstachel
Nordsee
Nordseeinsel

Boot
Segelboot
...

★ 5. Schreibe einen Vers mit diesen Wörtern.

Schnee Fee See Klee Tee

Knackige Tomaten

So kannst du Tomaten selbst ziehen:

Tomaten kannst du Ende März im Zimmer
selbst aussäen und auf das Fensterbrett stellen.
Leichter ist es, wenn du im Mai kleine Pflanzen
in der Gärtnerei kaufst.

Suche dir im Mai einen geschützten Platz
auf dem Balkon.
Tomaten lieben viel Sonne,
mögen aber keinen Wind.

Wenn die Pflanzen größer sind, stecke einen Bambusstab
in die Erde, an dem die Pflanzen hochranken können.
Den ganzen Sommer über musst du Seitentriebe ausbrechen,
das nennt man „ausgeizen“.

Genieße deine Tomaten, sobald sie reif sind.
Grüne Früchte kannst du am Ende
des Sommers trotzdem ernten.
Sie reifen in Dunkelheit nach, zum Beispiel
in einer geschlossenen Schachtel.

1. Zieht selbst Tomaten.

2. Legt einen Beobachtungskalender an.

Wochen	Notizen	Zeichnung/Foto
1. Woche	Samen keimen	
2. Woche	...	

Gedichte, Gedichte, Gedichte

Rot
Die Rose
Sie ist schön
Ich pflücke sie ab
Aua

Red
The rose
It is nice
I pick it off
Ouch

Rouge
La rose
Elle est jolie
Je veux la cueillir
Aïe

Das Lamm fraß Rasen.
Da war der Rasen bald kahl.
Alle Schafe dachten:
Schade!

Lustig
ehrlich
nett
albern

Dal sakar,
kartal kalkar.
Kartal kalkar,
dal sakar.

Ein Mann ging allein ohne Hut.
Da packte ihn plötzlich die Wut.
Er springt in die Luft,
bis man ihn ruft.
Und schon wird für ihn alles gut.

Die Katze ist schwarz ohne Fleck.
Sie liegt nie alleine im Dreck.
Kein Mensch kann sie sehn,
wenn die Lichter ausgehn,
nur die Mäuse, die bleiben jetzt weg.

Jogurt
Obstsalat
Nudeln
Ananas
Saft

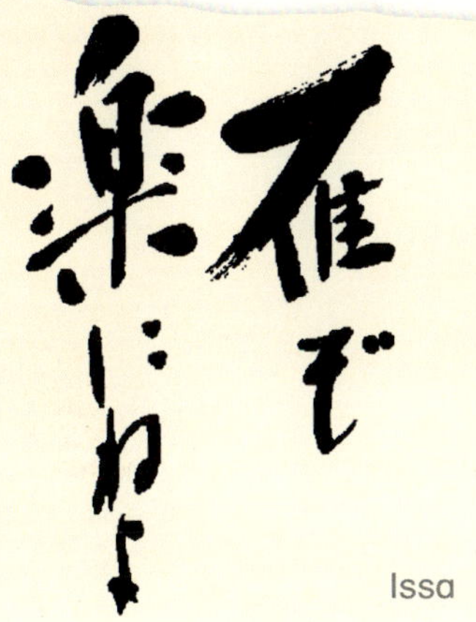

Issa

Nichts ist mehr zu sehn,
Himmel nicht und Erde nicht
und es schneit und schneit.

Hashin

Der finstere Wald.
Bäume wiegen sich im Wind.
Trau ich mich hinein?

Krümeln
Essen
Kauen
Schmatzen
Ende

Kommst du mit?
Du bist mein Freund.
Zu Hause können wir spielen.
Mir fallen lauter tolle Sachen ein.

1. Welcher Name passt zu welchem Gedicht?
   Begründe deine Meinung.

Selbstlautgedicht | Elfchen | Limerick | Little eleven | Haiku

2. Untersuche, nach welchen Regeln die Gedichte geschrieben sind.
   Dichte selbst und gestalte.

3. Macht euch auf die Suche nach Gedichten.
   Sammelt auch Verse, Sprüche und Reime aus eurer Gegend.
   Vergleicht.

Das kann ich 4

1. Ich kann Wörter auswählen und mit ihnen eine Geschichte schreiben.

Ritter Ponyhof Einhorn Abenteuerspielplatz
Zugbrücke Turnier Pirat fliegender Drache
Schatzinsel Lanze Fußball

Seite 219

2. Ich kann meine Geschichten überarbeiten und Zeitformen und Satzanfänge überprüfen.

Seite 222

3. Ich kann Texte mit Bildern verstehen und die Arbeitsschritte in der richtigen Reihenfolge aufschreiben.

Eine Röhrenmaske basteln

- Befestige die Ränder.
- Schneide große Löcher für Augen, Nase und Mund in die Maske.
- Rolle ein großes Stück Plakatkarton oder Tonpapier zu einer Röhre.
- Bemale die Maske.
- Klebe Papierstreifen oder Wollfäden als Haare und Augenbrauen fest.
- Ziehe die Röhre über den Kopf.
- Deine Partnerin oder dein Partner markiert die Stellen für Augen, Nase und Mund.

Seite 214

4. Ich kann Sätze mit wörtlicher Rede schreiben und für die Begleitsätze passende Verben verwenden.

Seite 230

5. Ich kann Wörter mit langen und kurzen Selbstlauten unterscheiden und in Sätzen richtig verwenden.

Fühler	Beet	Miete	Schal	Ofen	Hüte
Füller	Bett	Mitte	Schall	offen	Hütte

Die ■ für unsere Wohnung wurde erhöht.
Die Mannschaften stellen sich in der ■ des Spielfeldes auf.
Oma und Opa haben das ■ im Garten neu angelegt.
Mesut liegt seit zwei Tagen mit hohem Fieber im ■.
Die Rakete fliegt schneller als der ■.
Pia wünscht sich einen dicken ■ mit langen Fransen.

Seite 224

6. Ich kann Wörter mit ss oder ß richtig schreiben.

die Prinze■in   grü■en   der Strau■   la■en
die Stra■e   gro■   wi■en   schlie■lich

Seite 225

Das Märchen von den 12 Monaten

Es war einmal eine alte Frau, die war so arm, dass sie selbst im strengsten Winter kein Holz und keine Kohle kaufen konnte, um ihr kleines Häuschen zu heizen. An besonders kalten Tagen stieg sie hinauf in den Bergwald und sammelte dürres Laub in einem Sack, um damit ihre Stube ein wenig zu wärmen. Als sie einmal gerade wieder vom Laubsammeln zurückkam, sah sie in einer kleinen Höhle, in der sie sich sonst immer ausgeruht hatte, einen hellen Schein.

Sie ging hinein und sah darin zwölf schöne junge Männer sitzen.

„Seid gegrüßt“, sagte die alte Frau freundlich. „Grüß Gott, Mütterchen“, antworteten die zwölf Männer, „heute ist es ja schrecklich kalt!“

„So schlimm ist es nun auch wieder nicht“, meinte die alte Frau, „es ist eben Winter, da muss es doch kalt sein.“

„Magst du denn die Kälte lieber als die Hitze?“, fragte einer der zwölf Jünglinge.

„Nein“, meinte da das Mütterchen, „mir ist eigentlich alles recht!“

„Du findest also keinen Monat schlecht, Mütterchen?“

„Nein“, sagte die Alte, „ich finde, dass jeder Monat auf seine Art schön ist. So, jetzt muss ich aber wieder nach Hause.“

Sie stand auf und die zwölf Männer halfen ihr, den Sack auf den Rücken zu heben. Wie sie aber zu Hause ankam und den Sack öffnete, was sah sie darin? Lauter Goldstücke! Von da an lebte sie glücklich und ohne Sorgen.

Frühling

Sommer

Im Nachbarhaus aber lebte auch eine alte Frau. Die hatte keine Ruhe, bis sie erfahren hatte, woher die andere all das Gold bekommen hatte. Sie ließ sich alles ganz genau erklären, nahm einen Sack, stopfte ihn voll mit trockenen Blättern und ging damit zur Höhle hinauf.
Und tatsächlich saßen da wieder die zwölf jungen Männer.
Die alte Frau begann sogleich zu jammern: „Ach, es ist so kalt draußen, es wäre besser, es gäbe keinen Winter!" Die zwölf Männer schauten sich an und schüttelten die Köpfe. „Wie gefallen dir denn die anderen Jahreszeiten?", wollten sie wissen. „Die sind auch nicht besser", klagte da die Alte. „Der März macht alle krank, der April weiß nie, was er will, der Mai macht allen Kopfschmerzen mit seinem Blumenduft, im Juni sind die Nächte zu kurz, Juli und August sind zu heiß und im September wird es schon wieder kalt. Nein, eigentlich gefällt mir keiner der zwölf Monate!"
Die zwölf jungen Männer sagten nichts. Sie halfen der unzufriedenen Frau, den Sack auf die Schultern zu heben, und diese lief so schnell sie konnte nach Hause.
Als sie aber den Sack öffnete, fand sie darin nur dürre Blätter.
Die zwölf Monate hatten sie nach ihren Reden belohnt.

Märchen aus Griechenland

Herbst

Winter

Bilder von Abel Grimmer (1570–1619)

Der Herbst

Auf der Schwelle des Hauses in den Dünen sitzen.
Nichts sehen als Sonne.
Nichts fühlen als Wärme.
Nichts hören als Brandung.
Zwischen zwei Herzschlägen glauben:
Nun ist Frieden.

Günter Kunert

Der Herbst

Im Garten stehen.
Nichts sehen als kahle Bäume.
Nichts fühlen als nassen Regen.
Nichts hören als gewaltigen Sturm.
Nichts schmecken als süße Äpfel.
Nichts riechen als modriges Laub.
Zwischen zwei Sonnenstrahlen wissen:
Es ist Herbst.

Patricia

Der Herbst

In der Sonne stehen.
Nichts sehen als …
Nichts fühlen als …
Nichts hören als …
Nichts schmecken als …
Nichts riechen als …
Zwischen zwei Sonnenstrahlen wissen:
Es ist Herbst.

1. Wie ist der Herbst?
Sucht passende Adjektive.

2. Sammelt Herbstwörter
und schreibt selbst Herbstgedichte.

Gespenster, Geister und Gespuke

Heute ist für David und Kate ein wichtiger Tag. Sie können es kaum erwarten, dass es dunkel wird. „Hoffentlich ist es heute Abend neblig. Dann ist es unheimlich und gespenstisch“, meint Kate. Es ist der 31. Oktober und da wird in Nordamerika und in England Halloween gefeiert. Es ist der Tag der Geister und Gespenster, der Hexen und Vampire, der Zauberer und Totenköpfe.

David und Kate haben einen großen Kürbis ausgehöhlt und eine gruselige Fratze hineingeschnitzt. Wenn sie eine Kerze hineinstellen, wird in der Nacht ein gespenstisches Monster leuchten. David hat sich dieses Jahr als Gerippe verkleidet und Kate ist als Hexe kaum wiederzuerkennen. In den Fenstern hängen selbst gebastelte Gespenster und Monster. Auch der Klassenraum in ihrer Schule ist gespenstisch geschmückt. An der Decke hängt ein großes Halloween-Mobile und auf der Fensterbank stehen viele kleine Kürbisfratzen.

Am Abend treffen sich David und Kate mit ihren Freunden und ziehen verkleidet von Haus zu Haus. Alles soll möglichst schaurig sein. An jeder Tür rufen sie: „Trick or treat?“ Das bedeutet „Streich oder Belohnung?“ Die meisten Erwachsenen entscheiden sich für „treat“ und geben den Kindern Süßigkeiten, denn wer möchte schon eine klebrige Türklinke, einen versteckten Fußabtreter, eine mit Kreide gemalte Fratze oder gar einen mit Toilettenpapier umwickelten Baum riskieren? Viele Kinder sammeln aber auch Spenden für das Kinderhilfswerk UNICEF.

1. Feiert doch einmal ein Gruselfest in der Klasse.
   Was müsst ihr alles planen und besprechen?
   Stellt einen Plan für die Vorbereitungen auf.

Nikolaustag

Ich musste meine Gummistiefel noch ordentlich abschrubben, weil ich doch einen davon im Wohnzimmer auf die Fensterbank stellen wollte. Und in schmutzige Schuhe steckt der Nikolaus nichts, sagt Mama. Ich nehme zum Nikolaustag immer meine Gummistiefel, weil da am meisten reingeht. Maus hat seine Gummistiefel auch schnell noch abgewischt, aber nur mit einem Stück Küchenpapier. Da sahen sie eigentlich noch genauso aus wie vorher.

Wenn ich der Nikolaus gewesen wäre, hätte ich ihm da vielleicht nichts reingetan. Petja hat einen Fußballschuh genommen. Er hat gesagt, den muss er nicht putzen.

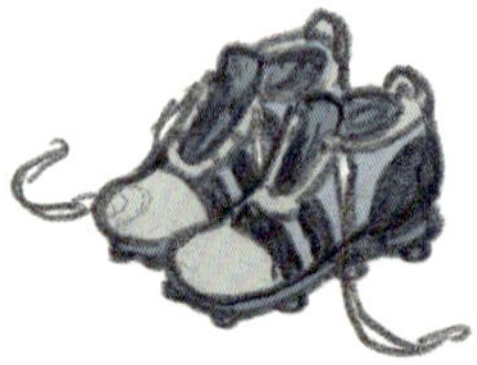

Am Morgen bin ich davon aufgewacht, dass Maus ganz laut die Treppe nach oben getobt ist. „Er war da!“, hat Maus gebrüllt und meine Zimmertür aufgerissen. „Guck mal, Tara, was der Nikolaus mir gebracht hat.“ Aber ich wollte lieber zuerst sehen, was der Nikolaus mir gebracht hatte. Ich bin ins Wohnzimmer gesaust und da stand mein Stiefel auf der Fensterbank und daneben lagen auch noch zwei eingewickelte Päckchen.

Im Stiefel steckten ein großer Schokoladenweihnachtsmann und drei kleine Schokoladenteile in Glitzerpapier mit Goldfaden dran und ein winzig kleines Paket mit Papiertaschentüchern, da waren ganz süße Bilder drauf. Die waren so niedlich! Die nehme ich bestimmt nie zum Naseputzen. Da wären sie ja vergeudet.

Ganz unten waren natürlich wieder ein paar Mandarinen in den Schuh gequetscht, damit nicht so viel reinpasst. Das könnte der Nikolaus vielleicht mal anders machen, finde ich. Und was war wohl in den Päckchen, die neben dem Stiefel lagen? Die gestreifte Mütze und die Handschuhe, die zu meinem Adventskalenderschal passen! Ich hab sofort bei Tieneke angerufen und ihr erzählt, dass ich jetzt auch die gleiche Mütze und die gleichen Handschuhe habe wie sie.

Am Montagmorgen haben Tieneke und ich zur Schule unsere Zwillingssachen angezogen.
Und dann gab es noch eine Überraschung. Als wir in die Klasse gekommen sind, lag auf jedem Platz ein Weihnachtsmann-Lolli aus Schokolade! „Jaja, der Nikolaus muss wohl auch zu uns in die Schule gekommen sein!“, hat Frau Streng gesagt. War das nicht schön?
Dann hat Frau Streng gesagt, dass wir am Donnerstag mit unserer Klasse im Altersheim vorflöten sollten. Da war die Weihnachtsfeier für die Bewohner. Toni sollte sogar noch mal ihre lustige Weihnachtsgeschichte vorlesen und die ganze Klasse sollte „Lasst uns froh und munter sein“ singen.

Natürlich hatten nicht alle Kinder am Donnerstag Zeit, aber wir waren doch neun Mädchen und sechs Jungs, die mitkommen wollten. Da hab ich mich gefreut und gedacht, dass es keine Zeit im Jahr gibt, in der man so viel vorführt wie in der Vorweihnachtszeit und so viel Beifall kriegt. Es war nur schade, dass Tieneke und Caro und Kiki und ich unser Ballett nicht auch noch mal tanzen sollten.
Das hätte den alten Leuten bestimmt richtig gut gefallen.

Kirsten Boie

Şirin wünscht sich einen Weihnachtsbaum

Je näher die Feiertage kamen, umso trauriger wurde Şirin. Nur noch drei Tage bis zum Weihnachtsfest und in ihrer Wohnung stand noch immer kein „Kinderbaum“. Kinderbaum? Diesen Namen hatte sich Şirin ausgedacht. Es war ihr Name für Weihnachtsbaum. Alle Leute hatten bereits einen Weihnachtsbaum gekauft. Und alle freuten sich auf die Geschenke, die dort liegen würden. Şirin träumte von ihrem Kinderbaum.
Sie ging ins Wohnzimmer. Ihr Vater saß vor dem Fernseher. Şirin setzte sich auf seinen Schoß. Der Vater streichelte ihr Haar. Jeden Abend bat Şirin ihn, ihr doch einen Baum zu kaufen. Aber immer antwortete ihr Vater mit einem Nein. Auch heute Abend wollte sie es versuchen: „Papa? Kaufen wir einen Kinderbaum?“
Ihr Vater blickte sie streng an. „Ich habe es dir doch schon erklärt, das ist nicht unser Fest, sondern das Fest der Christen. Wir haben unsere eigenen Festtage. Und die Christen feiern auch nicht mit uns. Übrigens heißt es nicht Kinderbaum, sondern Weihnachtsbaum.“ Şirins Vater wurde unwirsch. Er wollte weiter fernsehen. „Ich kaufe keinen. Wir sind Moslems!“
„Wenn wir einen Kinderbaum kaufen und Weihnachten feiern wie die Deutschen – wären sie dann böse auf uns?“, fragte Şirin.
Ihr Vater überlegte eine Weile und sagte dann verärgert: „Warum sollen sie denn böse sein? – Aber jetzt ist Schluss!“
Nein! Şirin wollte nicht aufhören. „Nehmen wir uns doch ein bisschen von dem deutschen Fest. Und geben wir den Deutschen etwas von unseren Festen ab. Wird dann nicht jedes Fest allen Menschen gehören?“
Ihr Vater lachte. „Ich weiß nicht, Şirin.“
„Dann feiern wir also Weihnachten. Nicht wahr, Papa?“ Vaters Gesicht wurde wieder streng. „Nein, meine Liebe. Jeder soll seine eigenen Feste feiern. Sonst entsteht ein heilloses Durcheinander.“ Sprach’s und sah weiter fern.

Şirin hätte fast geweint. Sie ging in die Küche und presste ihre Stirn an die Fensterscheibe. Draußen tanzten dicke Schneeflocken unter der Straßenlaterne. Viele Menschen waren auf der Straße. Sie kamen von der Arbeit und liefen in der Dämmerung nach Hause. Manche schleppten Weihnachtsbäume. In diesem Augenblick sah Şirin den kleinen Baum vor ihrem Haus. Sie wunderte sich, dass ihr der Baum vorher noch nie aufgefallen war. Zu all den anderen Weihnachtsbäumen gab es einen Unterschied: Ihr Baum war nicht abgesägt. Seine Wurzeln steckten in der Erde. Er lebte. Şirin freute sich. Sie rannte los und herzte ihre Mutter, umarmte ihren Vater. „Womit habe ich das verdient?“, fragte der Vater verwundert und küsste Şirin. Şirin ging zu Bett. Aber sie schlief nicht. Als sie die Eltern nicht mehr hörte, stand sie wieder auf. Leise zog sie sich an. Sie kramte in einer Schachtel und nahm ihre Bastelsachen, Schere, Schnur und Buntpapier und ging leise nach draußen. Ihr Kinderbaum sollte der schönste werden! Unter dem Gewicht des Schnees bogen sich seine schmalen Äste. Şirin faltete Blumenmuster und schnitt sie aus dem Papier. Sie zog die Schnur durch die Blumen und hängte ihren Schmuck an die Äste ihres Kinderbaums.

Habib Bektas

1. In der Geschichte erfahrt ihr, dass nicht alle Menschen das Weihnachtsfest feiern. Informiert euch, wo es das Weihnachtsfest gibt und wie es in anderen Ländern gefeiert wird.

2. Gestaltet mit euren Informationen ein großes Plakat.

Die Ameise und die Grille

Die Grille, die den ganzen Sommer gesungen hatte, litt im Winter großen Hunger. Sie bat ihre Nachbarin, die Ameise, ihr doch etwas zu essen abzugeben. Doch die Ameise antwortete: „Was hast du im Sommer getan? Warum hast du nur gesungen und keine Vorräte gesammelt?“ Darauf erklärte die Grille: „Ich habe mit meinem Gesang die Menschen erfreut.“
Da lachte die Ameise und rief: „Dann lass dich von denen füttern, für die du getanzt hast.“

nach Jean de la Fontaine

Das Gewicht der Schneeflocke

„Es schneit“, sagte der Wolf. „Was du nicht sagst, Gevatter“, brummte der Bär. „Mehr als tausend Schneeflocken“, sagte der Fuchs, „aber auf meinem Pelz spüre ich sie überhaupt nicht!“ „Sie schmelzen auf meiner Hasennase“, sagte der Hase und dann fügte er noch nachdenklich hinzu: „Man spürt sie nicht. Doch haben sie ein Gewicht!“
„Eine Schneeflocke wiegt weniger als nichts“, knurrte der Wolf.
„Und sie hat keine Kraft“, brummte der Bär. „Aber sie wiegt doch etwas und sie hat auch Kraft“, sagte der Hase. Die Tiere gerieten in Streit, ob eine Schneeflocke etwas wiegt oder nicht.
„Wir wollen die Schneeflocken zählen, die da auf den alten, dicken Ast fallen“, sagte der Hase. „Da wird man ja sehen, ob eine Schneeflocke Gewicht hat.“ Der Bär und der Wolf lachten so laut, dass es durch den ganzen Wald schallte. Aber weil sie gerade nichts Besseres zu tun hatten, zählten sie mit.
Eins ... zwei ... drei ... vier ... fünf ... sechs ... sieben ...
Als sie bei zweitausendachthundertsiebenundsechzig angekommen waren, sagte es plötzlich „krach“ und der dicke, mächtige Ast brach ab.
„Der Hase hat recht“, knurrte der Wolf und sogar der Bär wunderte sich über die Kraft der Schneeflocken.

Fredrik Vahle

Karneval der Harlekine

Joan Miró

Geisterstunde
sonderbare Gestalten
kleine und große
spielen, tanzen und singen
Karneval

Karneval
buntes Gewimmel
Kostüme und Masken
aus Formen und Farben
Harlekine

Miró
der Künstler
malt lustige Bilder
aus Formen und Farben
Toll!

Harlekine
bunte Gestalten
Kostüme und Masken
alle singen und tanzen
Karneval

M agisch
I mposant
R ätselhaft
O riginell

M erkwürdige Wesen
I n bunten Kostümen
R iesig und winzig
O b es die wohl gibt?

Ostern im Kongo

Natürlich habe ich mich gewundert, warum Papa in den letzten Wochen abends so oft wegging.
„Sei doch nicht so neugierig, Kamba“, war immer seine kurze Antwort. „Ich muss etwas mit dem Priester besprechen.“
Gestern hat er mir dann sein großes Geheimnis verraten:
Papa wird in diesem Jahr als Speerträger am Ostergottesdienst teilnehmen.
Heute Abend flitze ich besonders früh zur Kirche. Noch ist sie ganz finster. Ich kann es kaum erwarten, bis der Gottesdienst mit Papa beginnt. Da kommt er ja schon.
Aufgeregt stoße ich Mama an. „Schau mal, wie wichtig Papa heute aussieht.“ Mit ernstem Gesicht tanzt er vor dem Priester her und bahnt ihm durch die Dunkelheit den Weg zum Altar.
Neben mir sitzt Katumba. Als er meinen Papa sieht, vergräbt er sein Gesicht ängstlich in meinem Schoß.
„Du musst vor dem Speerträger keine Angst haben“, flüstere ich ihm zu. „Das ist mein Papa. Er hat sich nur ein anderes Gewand angezogen.“
Erleichtert blickt Katumba zu mir hoch.
„Wirklich?“, fragt er erstaunt. „Ich wusste gar nicht, dass dein Papa so ernst gucken kann.“
„Das ist gar nicht so schwer“, grinse ich Katumba zu.
„Wenn du groß bist, wirst du bestimmt auch ein Speerträger werden.“

Klaus Vellguth

Geschenkideen zum Muttertag

Eine Klasse hat sich ein besonderes Geschenk zum Muttertag ausgedacht. Die Kinder haben ein Rätselbuch über ihre Mütter zusammengestellt.

Meine Mutter isst gerne chinesisch.
Sie geht manchmal ins Kino.
Sie redet gerne mit der Nachbarin.
Abends geht meine Mutter früh ins Bett.
Sie hat einen Mann und drei Töchter.
Meine Mama ist 40 Jahre alt.
Ich bin nur noch ein bisschen kleiner als sie.
Sie hat einen Hund, der Rocky heißt.
Ihre Haare sind dunkelbraun und kurz.

Meine Mutter geht gerne essen.
Sie ist ungefähr so groß wie mein Papa. Meine Mama ist nett und liest Krimis. Beim Fernsehen knabbert sie gerne Salzstangen.
Sie hat drei Kinder.
Ihre Schuhgröße ist ungefähr 40.
Meine Mutter arbeitet viel im Haushalt.
Außerdem telefoniert sie oft lange.
Sie fährt gerne in Urlaub.

Meine Mutter hat eine Dauerwelle.
Sie ist nett und sportlich.
Meine Mutter hat ein Geschäft.
Am Wochenende backt sie gerne.
Meine Mutter hat zwei Kinder.
Sie hat gute Nerven und ist stark.
Sie hat drei Geschwister und noch beide Eltern.
Meine Mutter treibt gerne Sport.
Sie hat die Schuhgröße 38-39.
Sie fährt gerne Rad.

1. Was ist wichtig, um ein Mütterrätselbuch zu schreiben? Sammelt gemeinsam Ideen und notiert Stichwörter.

2. Schreibe deinen Text in Schönschrift oder mit dem Computer auf. Gestalte daraus ein Schmuckblatt für das Mütterrätselbuch.
   Denke daran:
   - Deine Beschreibung darf nicht zu viel über deine Mutter verraten.
   - Deine Beschreibung sollte liebevoll sein.

Licht und Farben

Das Sonnenlicht und das Licht von Glühbirnen erscheinen farblos und werden „weißes“ Licht genannt. In Wirklichkeit besteht dieses weiße Licht aber aus einer Mischung verschiedener Farben. Wir können diese Farben sichtbar machen. Es sind die sieben Regenbogenfarben Rot, Orange, Gelb, Grün, Blau, Indigo und Violett. Dazu kommen noch zwei weitere Arten von Licht (Ultraviolett und Infrarot), die wir nicht sehen können.

1. Experiment „Regenbogen“

Du brauchst: ein Glas mit Wasser, eine Taschenlampe, weißes Papier

- Stelle das Wasserglas an den Rand eines Tisches.
- Lege das Blatt Papier auf den Boden vor den Tisch.
- Leuchte von schräg oben durch das Glas hindurch auf das Blatt Papier.

1. Lies die Anleitung und führe den Versuch durch.
2. Schreibe auf, was du beobachtest. Überlege, was mit dem weißen Licht der Taschenlampe geschehen ist.
3. Wie ist das zweite Experiment durchzuführen? Schreibe auf.

2. Experiment „Regenbogen“

Die Sonne und die Wolke

Die Sonne reiste in ihrem Feuerwagen über den Himmel. Froh und glorreich warf sie ihre Strahlen in alle Richtungen zum Ärgernis einer gewittrig gelaunten Wolke, die brummte: „Verschwenderin, Vergeuderin, wirf nur deine Strahlen alle weg, du wirst schon sehen, was dir dann übrig bleibt.“

Jede Traube in den Weinbergen, die an den Reben reifte, stahl sich einen Strahl in der Minute oder sogar zwei; und da war kein Grashalm, keine Spinne, keine Blume und kein Wassertropfen, der sich nicht seinen Teil genommen hätte.

„Lass dich nur von allen bestehlen: Du wirst schon sehen, wie sie es dir danken werden, wenn du nichts mehr hast, das man dir stehlen könnte.“

Die Sonne reiste vergnügt weiter und schenkte Millionen und Milliarden Strahlen, ohne sie zu zählen.

Erst bei ihrem Untergang zählte sie die Strahlen, die sie noch hatte: Und siehe, es fehlte kein einziger.

Die Wolke löste sich vor Überraschung in Hagel auf.

Und die Sonne verschwand vergnügt im Meer.

Gianni Rodari

Ferien machen – eine Kunst

Nichts müssen,
nichts sollen.
Nur dürfen
und wollen.
Jeder Tag
ein unvorbereitetes Fest.

Sich einigen,
wer
wann
wo
was
wie
mit wem
tut oder lässt.

Hans Manz

Sprechen

Miteinander sprechen

Wenn sich ein Kind verletzt hat,
kannst du es trösten.

Möchtest du jemanden einladen,
sprich ihn freundlich an.
Sage, wann und wohin er kommen soll.

Wenn dich jemand
um eine Auskunft bittet,
antworte höflich.

Mit einem Freund oder einer Freundin sprichst du anders als mit einem Erwachsenen. Was sagst du, wenn du jemanden besuchst? Spiele die Situation mit einem Partner nach.

Gespräche führen

Bei einem Gespräch ist es wichtig, Regeln zu beachten.

- Sieh deinen Gesprächspartner an und höre ihm genau zu.
- Frage bei Unklarheiten gezielt nach.
- Gehe darauf ein, was die anderen gesagt haben:
  Stimme zu, wenn du der gleichen Meinung bist.
  Begründe, warum du anderer Meinung bist.

Achte beim nächsten Gruppengespräch auf die Regeln.

Tipp:

Wenn ihr in Partner- und Gruppengesprächen leise sprecht, stört ihr die anderen Kinder nicht.

→ AB S. 5

Streitsituationen klären

Wenn du einen Streit klären willst, helfen dir folgende Punkte:

- Erzähle, wie du die Situation erlebt hast.
- Sage, wie du dich fühlst.
- Benutze keine Schimpfwörter.
- Höre zu, wie der andere die Situation erlebt hat.

Spielt zu zweit eine Pausenhofsituation mit einem Streit nach. Ein drittes Kind beobachtet euch und gibt euch Rückmeldung.

Tipp:

Achte auf eine ruhige, aber feste Stimme.

Zuhören und verstehen

Wenn jemand etwas erzählt oder einen Vortrag hält, solltest du aufmerksam und konzentriert zuhören.
Dann kannst du:

- den Inhalt besser verstehen.
- feststellen, ob etwas fehlt oder falsch ist.
- den Inhalt mit eigenen Worten wiedergeben.
- dir eine eigene Meinung zum Gehörten bilden.

Übe zuhören:
Lass dir von einem ausländischen Kind Wörter in seiner Muttersprache vorsagen.
Sprich die Wörter genau nach.

Zeige beim nächsten Vortrag, dass du alles verstanden hast, indem du mit eigenen Worten erzählst, was du gehört hast.

→ AB S. 6, 7

Lebendig erzählen

Erzähle so, dass andere dir gerne zuhören:
- Gestalte die Erzählung mit deiner Stimme.
- Mache passende Bewegungen mit deinen Händen.
- Mache an passenden Stellen eine Pause.

Wähle drei Begriffe. Erzähle dazu eine kurze Geschichte.

Tante | Vogel | Mülltonne | Hund | Eis | Straße

Tipp:

Wenn du etwas erzählen möchtest, überlege dir vorher, was du sagst und wie du es sagst.

Gemeinsam erzählen

Wenn ihr in der Gruppe eine Geschichte erzählen möchtet, müsst ihr euch abstimmen:
- Einigt euch auf ein Thema und plant den Ablauf der Geschichte.
- Alle machen mit.
- Achtet auf die richtige Reihenfolge.
- Übt eure Geschichte.

Erzählt eine Gruppengeschichte.
Ihr könnt ein Wollknäuel weitergeben:
Das Kind, das das Wollknäuel bekommt, erzählt.

Eine Geschichte nacherzählen

Wenn du eine Geschichte nacherzählst, beachte folgende Schritte:
- Höre genau zu oder lies gründlich. Notiere dir dabei Stichwörter.
- Merke dir die wichtigsten Personen und achte auf die Reihenfolge.
- Erfinde nichts dazu.

Jeder erzählt in der Gruppe eine Geschichte nach.
Gebt euch Rückmeldung, ob die Geschichte verständlich war.

→ AB S. 8 – 9, 10

Einen Vortrag halten

Einen Vortrag zu einem Thema könnt ihr allein, mit einem Partner oder in der Gruppe vorbereiten und halten.

- Sammelt Informationen, wählt sie aus und ordnet sie nach Überschriften.
- Nennt zu Beginn des Vortrags euer Thema und sagt, wie ihr vorgehen wollt.
- Präsentiert die einzelnen Informationen nach Themenbereichen.
- Verwendet passende Verben, Adjektive und Fachbegriffe.

Wählt ein Thema und bereitet einen Vortrag vor.

Tipp:

Überlegt, welche Fragen die Zuhörer zum Thema haben könnten.

Ein Gedicht vortragen und Theater spielen

Drücke Stimmung und Gefühle mit deiner Stimme aus, wenn du ein Gedicht vorträgst oder Theater spielst.

- Überlege: Welche Figur spielst du? Welche Gefühle willst du ausdrücken?
- Überlege, ob du deine Stimme verändern musst.
- Achte auf das Sprechtempo und denke an Sprechpausen.
- Unterstütze deinen Vortrag mit passenden Körperbewegungen.

„Wer ist da?" Betone den Satz ganz unterschiedlich. Setze deine Hände passend ein und achte auf dein Gesicht. Spiele verschiedene Betonungen vor.

Tipp:

Übe vor dem Spiegel, damit du dein Gesicht sehen kannst.

→ AB S. 11, 12

Lange Wörter lesen

Lange Wörter kannst du leichter lesen, wenn du sie in Leseschritte aufteilst.

Suche bekannte Wörter oder Wortteile in folgenden Wörtern.
Handballspiel Fahrradgepäckträger blitzschnell bärenstark
Geheimnis Erlaubnis schließlich endlich zerhacken zerkleinern

Unvollständige Wörter erkennen

Du kannst auch unvollständige Wörter erkennen,
wenn du sie vollständig schon oft gelesen hast.
Knnst d dsn Stz lsn?

Lies die Sätze.
Ich halte die Hnd vor den Mnd.
Eine Hmml schwirrt zum Hmml.
Der Hnd bellt den Mnd an.
Das Bch fiel in den Bch.

Genau lesen

Du musst genau lesen, damit du Aufgaben richtig bearbeiten
und Anleitungen umsetzen kannst.

Purer Unsinn

Der Schlampelkukuz
ist halb so blau
wie ein Pflamperdiklau,
genauso groß
wie ein Strimpelchenkloß,
gut doppelt so dick
wie ein Schwachtelpraschlick,
dünner jedoch
als ein Knickerschlamus
So, nun weißt du's!

Hans Manz

Wer ist halb so dick wie der Schlampelkukuz?
Wer ist doppelt so blau wie der Schlampelkukuz?
Wer ist dicker als der Schlampelkukuz?
Wer ist genauso groß wie der Schlampelkukuz?

→ AB S. 13, 14, 15 – 26

Satzzeichen beachten

Satzzeichen und Redebegleitsätze helfen dir, einen Text betont vorzulesen.

„Achtung! Der Torjäger kommt!“, ruft Finn und stürmt über die Wiese. Lena steht auf der Lauer und antwortet: „Ha! Du und ein Torjäger!“ Finn will Lena umdribbeln, stolpert dabei und stürzt. Lena fällt auch hin.
Emma ist die lachende Dritte. Sie holt sich den Ball und rennt auf das Tor zu. Im Tor steht Nico und ruft: „Stopp, Emma!“ Emma schießt den Ball knapp am Torwart vorbei ins Tor. „Toooor!“, jubelt Emma. Nico knurrt: „Gilt nicht! Ich hab schon vorher Stopp gerufen!“
Tino mault: „War das nicht Abseits?“

Lies den Text so vor, dass deine Zuhörer hören können, welches Satzzeichen am Satzende steht.

Tipp:

Der Redebegleitsatz sagt dir, wie du die wörtliche Rede sprechen sollst.

Überschriften und Buchtitel lesen

Buchtitel oder Überschriften machen neugierig. Schon bevor du liest, vermutest du, was in dem Text stehen könnte.

Der Ritter mit dem roten Helm

Pupunga, das Elefantenkind

Hinter den sieben Bergen

Abenteuer am Amazonas

Das Leben auf einer Burg

Das große Buch der Wildtiere

Welches Buch möchtest du lesen? Begründe deine Wahl.

→ AB S. 27

Texte mit Bildern lesen

Bilder helfen dir, einen Text besser zu verstehen.

Knalltüte basteln

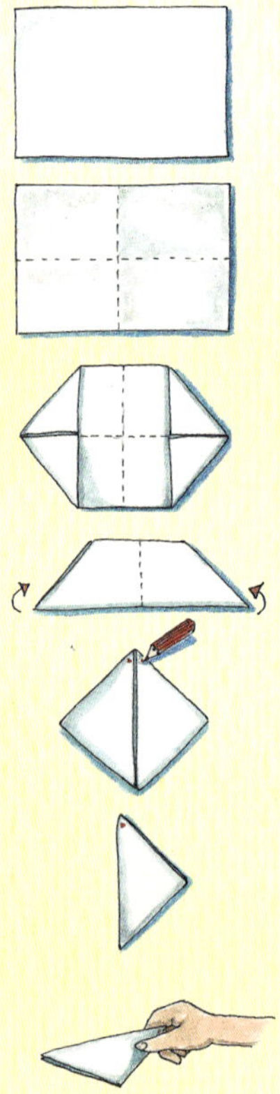

- Lege das Papier mit der Längsseite vor dich hin.
  Falte es zweimal in der Mitte. Falte es wieder auf.
  Du hast nun vier gleich große Rechtecke.
- Falte nun die vier Ecken zur Mitte.
  Du siehst jetzt vier Rechtecke und vier Dreiecke.
- Nachdem du die Ecken zur Mitte gefaltet hast,
  klappst du die untere Seite des Papiers nach oben.
- Falte die beiden unteren Ecken nach oben an die Mitte.
  Dann hast du ein Quadrat, das auf der Spitze steht.
  Zeichne zwei Punkte auf die oberen Spitzen.
- Falte die eine Hälfte zum Schluss so nach hinten,
  dass nur noch ein Punkt zu sehen ist.
- Fasse die Knalltüte an den Punkten und
  schlage sie kräftig nach unten.

Decke die Bilder ab. Falte die Knalltüte.

Falte die Knalltüte erneut und nutze die Bilder. Vergleiche.

Informationen finden

Auf Plänen oder Eintrittskarten, in Tabellen oder Anleitungen werden Informationen kurz und übersichtlich dargestellt. Wenn du Fragen stellst, kannst du die Informationen finden.

Beantworte die Fragen zur Kinokarte.
- Wie heißt der Film?
- Wann beginnt die Vorstellung?
- In welchem Kino läuft der Film?
- Wie teuer ist die Kinderkarte?

Der kleine Nick
Astra-Kino
Reihe C Sitz 24
15.00 Uhr 13.03.2012
ermäßigt: 4,50 €

→ AB S. 28 – 30, 31 – 32

Unbekannte Wörter verstehen

In manchen Texten gibt es Wörter, die du nicht kennst. Oft kannst du sie verstehen, wenn du den Satz noch einmal genau liest oder wenn du im Text weiterliest.

Flusspferde

Flusspferde, auch Nilpferde genannt, leben in den Flüssen und Seen Afrikas. Wissenschaftler nennen sie Hippopotamus. Das Wort ist aus den griechischen Wörtern hippo (Pferd) und potamos (Fluss) zusammengesetzt, bedeutet also Flusspferd.
Flusspferde sind Pflanzenfresser. Sie greifen nicht an, um Beute zu machen, aber sie sind leicht reizbar und sehr aggressiv und verteidigen ihr Territorium gegen Eindringlinge. Das fällt ihnen bei ihrer Größe und Schnelligkeit und ihrem gewaltigen Kiefer leicht.
In der Wildnis können sie bis zu vierzig Jahre alt werden, in Gefangenschaft bis zu sechzig. Junge Flusspferde bleiben bis zum Alter von vier Jahren bei ihrer Mutter.

Beantworte die Fragen.
- Was bedeutet Hippopotamus?
- Was bedeutet das Wort Territorium?
- Warum machen Flusspferde keine Beute?

Bilotaumos erleichtern unser Leben sehr, obwohl sie auch sehr schädlich sein können. Niemand mag es, wenn sie die Luft verpesten. Durch die Jocken an allen Seiten kann man hinein- oder herausschauen. Man kann die Jocken öffnen oder schließen, damit frische Luft hereinkommt. Mit den Wummern an der Seite kann man es nicht tragen, aber die Dooren öffnen und bequem ein- oder aussteigen. Es hat vier Hibben, sodass es leicht rollt. Manchmal ist ein Hibbe platt, dann muss das Bilotaumo leider stehen bleiben.

Erkläre die Wörter Bilotaumo, Jocken, Wummern, Dooren und Hibben.

→ AB S. 33 – 35

Sich Gedanken zu einem Text machen

Wenn du einen Text liest, stellst du dir Personen oder Situationen vor. Vielleicht hast du etwas Ähnliches auch schon erlebt und erinnerst dich nun. So entstehen Bilder in deinem Kopf.

Das neue Fahrrad

Auf diesen Tag freut sich Samir schon lange. Sie dürfen mit ihren Fahrrädern in die Schule fahren, um für die Radfahrprüfung zu üben. Da kann er allen Kindern endlich sein neues Fahrrad zeigen. Es hat nicht nur 18 Gänge und ist rot wie ein Rennwagen, das Rücklicht kann sogar unterschiedlich blinken. Alle werden staunen, wenn er wie ein Rennfahrer davonrast.

Doch als er am Morgen das Rad aus dem Keller holt, steht sein Herz still. Das Hinterrad ist platt. Er und sein Vater pumpen wie verrückt, aber der Reifen bleibt platt. Samir weiß, dass das schwierig zu reparieren ist: wegen der 18 Gänge und weil man es nicht leicht ausbauen kann und Vater sowieso zwei linke Hände hat. Er merkt, wie ihm die Tränen in die Augen steigen. Es ist schwierig,

nicht zu weinen, wenn man nicht weinen will. Sein Vater seufzt und meint: „Da haben wir aber Glück, dass du das Rad deiner Schwester nehmen kannst!“ Entsetzt starrt Samir auf das rosa Rad seiner Schwester. „Was!? Ich soll mit dem rosa Klapperding in die Schule? Da bleibe ich lieber zu Hause. Damit fahre ich nicht!“ Sein Vater bekommt den Noch-ein-Wort-Blick und Samir fährt mit der rosa Peinlichkeit los.

An der Ecke trifft er auch gleich seine Freundin Miri. „Mann“, sagt sie, „so toll hab ich mir dein neues Fahrrad nicht vorgestellt. Du hast recht, so ein Rad hat kein anderer Junge.“ Miri kann sich kaum halten vor Lachen. Neidisch schaut Samir auf ihr Fahrrad. Es ist zwar alt und hat nur drei Gänge, aber es ist schwarz.

- Warum ist Samir das rosa Fahrrad peinlich?
- Was würdest du an Samirs Stelle machen?
- Wie könnte Miri Samir helfen?

→ AB S. 36 – 38

Texte nacherzählen

Du kannst eine Geschichte leichter nacherzählen, wenn du dir Schlüsselwörter merkst.

Der Löwe und die Maus

Eine Maus sprang um einen Löwen herum, der in der Mittagssonne schlief.
Als die Maus gar zu wild spielte, wurde der Löwe wach, packte die Maus und wollte sie fressen.
Voller Angst blickte die Maus den Löwen an und flehte ihn an: „Es geschah nicht mit Absicht, großer König! Ich wollte dich nicht aufwecken. Bitte lass mich leben. Ich bin so klein, dass du ohnehin von mir nicht satt würdest. Ich verspreche dir, dass ich dir auch helfen werde, wenn du einmal Hilfe brauchst. Bitte lass mich frei.“
Der Löwe musste lachen, denn er konnte sich nicht vorstellen, wie die kleine Maus ihm einmal helfen könnte. Aber weil ihm die mutigen Worte der Maus gefallen hatten, ließ er sie laufen.
Einige Zeit später geriet der Löwe auf seiner Jagd in eine Falle. Ein Netz hielt ihn gefangen und so sehr er auch zerrte, er konnte das Netz nicht zerreißen. Es war so eng, dass er sich darin nicht mehr bewegen konnte.
Weit war sein Brüllen zu hören. Dies hörte auch die Maus und sie eilte herbei, denn sie hatte versprochen, dem Löwen in der Not zu helfen. Eilig zernagte sie das Netz und der Löwe konnte sich befreien.

nach Äsop

Löwe schlief
Maus spielte wild

Löwe wollte Maus fressen

Maus flehte ihn an, sie zu verschonen, versprach Hilfe

Löwe lachte, ließ Maus frei

Löwe geriet in Falle

Maus kam, zernagte Netz und befreite den Löwen

Lies den Text mehrmals. Decke ihn dann ab.
Erzähle mit den Schlüsselwörtern die Geschichte nach.

→ AB S. 39

Texte planen

Wenn du eine Geschichte schreiben möchtest, musst du dir überlegen, wie du beginnen willst und wie die Geschichte enden soll. Stichwörter helfen dir.

Anfang:
Geburtstagsgeschenk,
heißer Sommertag,
Freundin durfte über
Nacht bleiben

Ende:
sehr spät eingeschlafen,
von der Mutter geweckt,
Frühstück im Zelt

Eine Nacht im Zelt
Mein schönstes Geburtstagsgeschenk war ein Zelt. Am ersten heißen Sommertag stellten wir es auf. Ich durfte meine Freundin einladen. Wir freuten uns darauf, im Zelt zu übernachten. ...

Es war sehr spät, bis wir endlich einschliefen. Als meine Mutter uns wachrüttelte, war es schon fast Mittag.

Denke dir einen anderen Schluss aus. Notiere Stichwörter.

Tipp:
Achte darauf, dass Anfang und Ende zur Geschichte passen.

Treffende Wörter sammeln

Leser können sich deine Geschichte besser vorstellen, wenn du passende Wörter verwendest.

Freude:
schallend lachen, sich krumm- und schieflachen, losprusten, sich halb totlachen, sich kranklachen, glucksen, kichern, schmunzeln, lächeln, juchzen, jubeln, sich schlapplachen, sich vor Lachen ausschütten, ...

Es gibt noch viele andere Gefühle: Angst, Glück, Trauer, Heimweh, ...
Wähle einen Begriff aus und erstelle dazu eine Wörtersammlung.

→ AB S. 41 – 43, 44 – 45

Geschichten zu Wörtern erfinden

Wörter oder Textteile können dich auf eine Idee für eine ganze Geschichte bringen.

Palme Ozean Kokosnuss
Luftmatratze Affe Insel
seekrank Strand Sturm
Sonnenhut Schiff Wellen

Ich lag auf meiner Luftmatratze und träumte. Die Sonne schien mir auf den Rücken. Es war fast windstill. Ich stellte mir vor, mitten im Ozean zu treiben. Plötzlich rutschte ich von der Matratze in den Sand. Ich öffnete die Augen. War ich auf einer Insel gelandet? Dann sah ich meinen Bruder. Er hatte mir die Matratze weggezogen.

Suche dir drei Wörter aus und erfinde dazu eine eigene Geschichte.

Tipp:

Achte darauf, dass die ausgewählten Wörter nicht in einem Satz zusammenstehen. Verteile sie auf die ganze Geschichte.

Geschichten zu Bildern oder Musik erfinden

Wenn du Bilder betrachtest oder Musik hörst, können dir viele Wörter einfallen, die dir Anregungen für einen eigenen Text geben.

Hai, versunkenes Schiff, Korallenriff, Taucher, Nixe, Seepferdchen, Wassermann, Seeschlange, Seeungeheuer, ...

Notiere Wörter, die dir zum Plakat „Peter und der Wolf“ einfallen. Erfinde dazu eine Geschichte.

→ AB S. 46 – 48, 49

Notizen aufschreiben

Informationen kannst du auf Notizzetteln für dich und andere kurz notieren.

Wer möchte ein
neues Buch lesen?
Nina

Paul hat angerufen.
Er kommt!

Bitte einkaufen:
Butter
2 l Milch
Eier
Äpfel
Brötchen

Lies genau. Die Notizzettel sind nicht vollständig. Was fehlt?

Schreibe einen Notizzettel. Notiere, was du heute noch erledigen möchtest.

Ein Anliegen oder einen Wunsch schriftlich äußern

Bevor du schreibst, musst du diese Fragen beantworten:
Was genau ist mein Anliegen oder mein Wunsch?
Wem schreibe ich?
Warum will ich schreiben?
Wie und wann brauche ich eine Antwort?

Die Klasse 3a möchte gerne ein Fußballturnier durchführen.
Sie will die anderen Klassen schriftlich von ihrer Idee überzeugen.
Dazu macht sie sich Notizen.

Was? Idee vorstellen, zur Teilnahme anregen, geplanten Ablauf zeigen
Wem? allen Kindern der 3. und 4. Klassen
Warum? damit möglichst viele Mannschaften teilnehmen
Wie und wann? Rückmeldung durch Klassensprecher bis zum 19. Mai

Eine Klasse kann unterschiedliche Wünsche haben:
ein neues Klettergerüst, Sauberkeit auf dem Spielplatz, Schulhof verschönern, mehr Bücher für die Klassenbücherei, ...
Wähle einen Wunsch aus und notiere dir zu jeder Frage Stichwörter.

→ AB S. 50, 51 – 52

Anleitungen schreiben

Eine schriftliche Anleitung muss den Leser über das benötigte Material und den genauen Ablauf informieren.

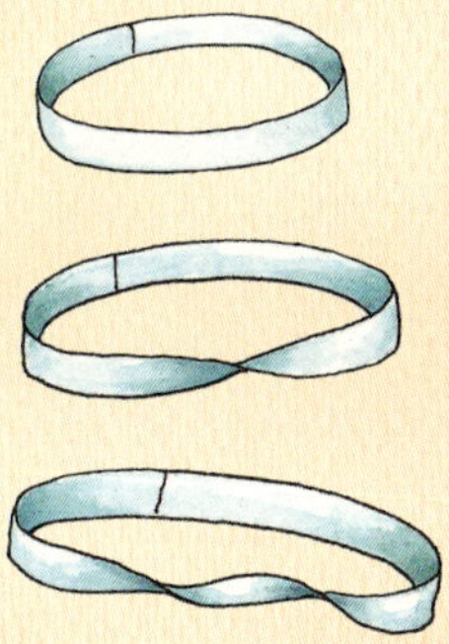

Zauberringe

Material: drei Scheren, drei Ringe aus zusammengeklebten Papierstreifen
Bei einem Ring ist der Streifen einmal verdreht, bei einem anderen zweimal.

- Drei Kinder erhalten je einen Ring und eine Schere.
- Die Kinder schneiden gleichzeitig ihre Ringe der Länge nach in der Mitte des Streifens durch.

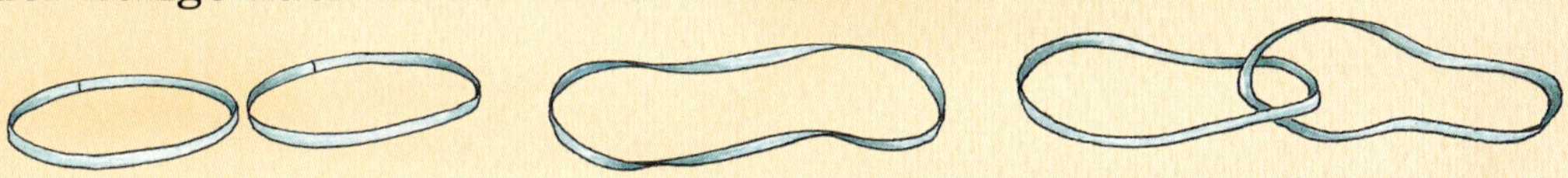

Beschreibe den folgenden Trick so, dass andere ihn durchführen können.

Material:

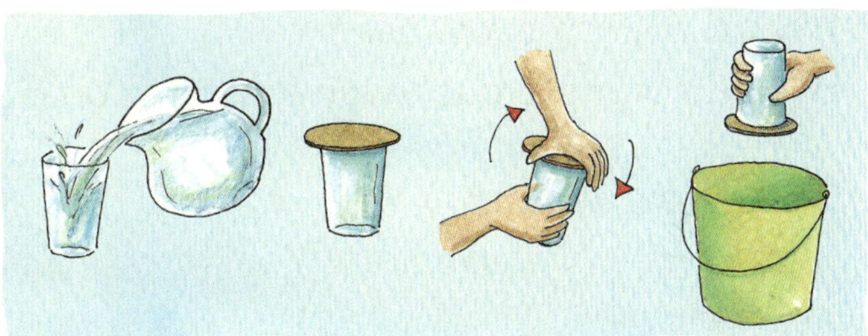

Gedichte schreiben

Bei einem Mittendrin-Gedicht steht in der Mitte jeder Zeile immer das gleiche Wort.

Sonne

Am Morgen scheint die **Sonne** in mein Fenster.
Das Licht der **Sonne** weckt mich.
Die Strahlen der **Sonne** wärmen mich.
Ohne **Sonne** ist die Welt dunkel.
Mit **Sonne** sieht alles bunter aus.

Suche ein Nomen und schreibe ein eigenes Mittendrin-Gedicht.

→ AB S. 53 – 54, 55

Reihenfolge und Vollständigkeit überprüfen

Eine Geschichte ist nicht verständlich, wenn sie in einer falschen Reihenfolge erzählt wird oder wenn wichtige Teile fehlen.

Mein Lieblingstier heißt Flocki. Nachmittags spielen wir häufig im Garten. Unser Briefträger hat trotzdem vor ihm Angst. Ich muss ihn deshalb regelmäßig waschen und bürsten. Wenn Flocki Fremde sieht, springt er sie an. Flocki rennt gerne durch große Pfützen. Er will aber nur gestreichelt werden.

Schreibe den Text so auf, dass er verständlich wird.

Texte überarbeiten

Bei der Überarbeitung deiner Texte musst du auch deine Formulierungen überprüfen.

Satzglieder umstellen:
Der Fahrer sieht mich hoffentlich.
Hoffentlich sieht mich der Fahrer.

Sätze verbinden:
Ich beeile mich. Der Bus muss gleich kommen.
Ich beeile mich, weil der Bus gleich kommen muss.

Treffende Wörter wählen:
Ich muss noch 100 m gehen.
Ich muss noch 100 m sprinten.

Unterschiedliche Satzanfänge verwenden:
Nun öffnet er die Tür.
Nun kann ich einsteigen.
Zum Glück öffnet er die Tür.
Jetzt kann ich einsteigen.

Wortwiederholungen vermeiden:
Jetzt sehe ich die Haltestelle.
Der Bus steht bereits an der Haltestelle.
Jetzt sehe ich die Haltestelle.
Der Bus steht bereits dort.

Zeitformen einhalten:
Ich suchte mir einen freien Platz und lasse mich erschöpft fallen.
Ich suche mir einen freien Platz und lasse mich erschöpft fallen.

Überarbeite einen eigenen Text. Nutze die Karten.

→ AB S. 56 – 57, 58 – 61

Texte gestalten

Wenn du mit dem Computer geschrieben hast, kannst du deinen Text noch gestalten. Dazu musst du die Wörter mit der Maus markieren und dann auf das entsprechende Feld in der oberen Reihe klicken.

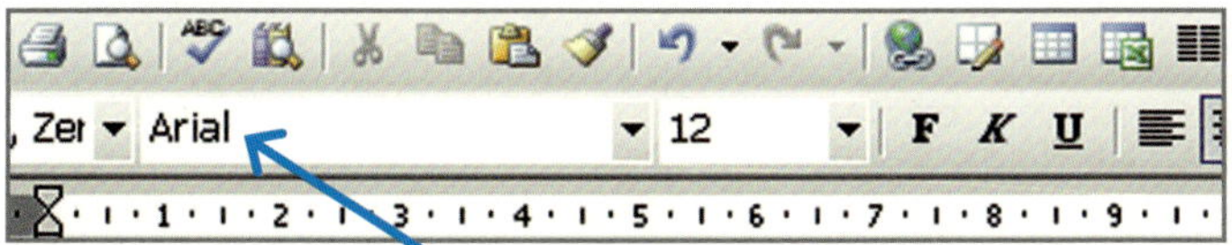

Du kannst die Schriftart wechseln.

Arial   Comic Sans MS   Times New Roman   **Wide Latin**

Du kannst die Schriftgröße und die Farbe verändern.

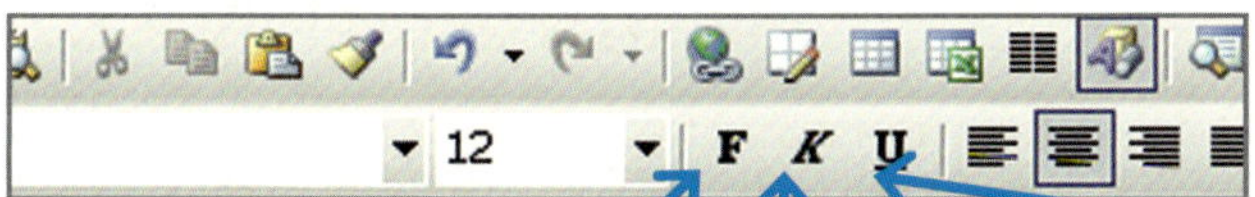

Du kannst Wörter **fett**, *kursiv* schreiben oder unterstreichen.

Du kannst den Text auch genau in die Mitte einer Zeile setzen.

Schreibe ein Gedicht oder einen anderen Text mit dem Computer. Probiere die verschiedenen Möglichkeiten aus und gestalte dann deinen Text.

Tipps:

- Zu viele verschiedene Schriftarten und Schriftgrößen machen einen Text unübersichtlich.
- Ihr könnt eure schönsten Geschichten im Computer speichern oder auf eine CD brennen.

→ AB S. 62

Richtig schreiben und Sprache untersuchen

Wörter mitsprechen und schreiben

Das Alphabet (ABC) besteht aus 26 Buchstaben.
Die Buchstaben **A, E, I, O, U** heißen Selbstlaute, sie können kurz oder lang gesprochen werden. Alle anderen Buchstaben heißen Mitlaute.

Erkläre die Bedeutung der Bezeichnungen Selbstlaut und Mitlaut.

Sprich diese Wörter einmal mit kurzem und einmal mit langem Selbstlaut.
Entscheide, wie sie richtig gesprochen werden.
Schreibe die Wörter auf und markiere den Selbstlaut: Brille, Besen, ...

Einige Wörter gibt es mit kurz und lang gesprochenem Selbstlaut.
Dann verändert sich die Bedeutung.

Lies die folgenden Sätze laut. Schreibe jeweils die beiden Wörter heraus und markiere den Selbstlaut.

Rate, ob es eine Maus oder Ratte ist.
Hinter dem Wall schwimmen die Wale.
Berühre ich Quallen, erleide ich Qualen.

Wörter verändern

Wenn du k, p oder t hörst, musst du aufpassen. Um sicher zu sein, wie das Wort geschrieben wird, musst du es verlängern oder die Grundform bilden.
Hand – Hände   klug – klüger   er schiebt – schieben

Verändere die Wörter und schreibe auf.

Bran_   drecki_   Erwartun_   fleißi_   sie blei_t   Lie_
Lau_   Mitta_   es hän_t   er glau_t   er wie_t   Lan_

→ AB S. 63 – 65, 66 – 67

Wörter mit schwierigen Stellen schreiben

Manche Wörter mit einem s-Laut nach lang gesprochenem Selbstlaut werden mit ß geschrieben. Diese Wörter musst du dir merken. Nach einem kurz gesprochenen Selbstlaut steht ss.

Fuß Fluss Floß Kuss Straße Spaß

Suche in der Wörterliste Wörter mit ß.
Schreibe sie auf und markiere den langen Selbstlaut.

Wenn mehrere Mitlaute hintereinanderstehen, kannst du den einzelnen Laut nicht immer deutlich heraushören. Dann musst du das Wort langsam mitsprechen, wenn du es schreibst.

K n o pf T o pf St r u m pf

K u t sch e A n g s t A r z t

sch w i t z e n p l ö t z l i ch

Schreibe die Wörter auswendig auf. Prüfe deine geschriebenen Wörter, indem du sie genau so sprichst, wie du sie geschrieben hast. Beim Sprechen fällt dir auf, ob ein Buchstabe fehlt.

Schwierige Wörter schreiben

Manche Wörter kommen aus einer anderen Sprache. Deshalb gelten nicht unsere Rechtschreibregeln und wir müssen uns die Rechtschreibung merken.

Skizze Fabrik Addition Clown

reparieren Spray skaten

Applaus Interesse Recycling

Wähle 3 Wörter aus. Schreibe mit jedem Wort einen Satz.

→ AB S. 68 – 70

Wörter in Silben schreiben

Am ersten Schul-
tag nach den Ferien
haben sich alle Kinder
in der Aula versam-
melt.

Lange Wörter kannst du beim Schreiben am Zeilenende in Silben trennen. Dann musst du einen Strich an das Wort anfügen, damit der Leser weiß, dass das Wort noch weitergeht.
Meistens trennst du Wörter nach Sprechsilben: Li-mo-na-de
Wörter mit doppeltem Mitlaut werden zwischen den beiden Mitlauten getrennt: Wet-ter
Ausnahmen musst du dir merken: Bä-cker, Kat-ze

Schreibe jeweils 5 Wörter in Silben auf.

Sprechsilben	doppelter Mitlaut	Wörter mit tz	Wörter mit ck
är-gern	bes-ser	Blit-ze	We-cker

Wörter aus Wortbausteinen zusammensetzen

Wörter kannst du aus Wortbausteinen zusammensetzen. Es gibt Vorsilben:
mit an ver vor aus ab be nach zu auf bei ein über um
und Nachsilben: ung heit nis keit

versprechen besprechen aussprechen

Erlaubnis Geheimnis Gemeinheit

Bilde mit diesen Wortbausteinen Wörter.

Ver	fahrt	Kreuz	keit
be	brennen	Zeug	heit
Vor	gegnen	frei	nis
ver	ein	schwierig	ung

Tipp:

Manche Wörter findest du so nicht im Wörterbuch, dann musst du den vorangestellten Wortbaustein weglassen:
abschließen findest du unter schließen
vorgehen steht unter gehen

→ AB S. 71 – 72, 73 – 74

Nomen (Namenwörter) erkennen

Nomen (Namenwörter) bezeichnen Dinge und Lebewesen, die du sehen kannst: der Tisch das Gras die Schnecke

Nomen bezeichnen auch Gefühle oder Eigenschaften. Du kannst sie fühlen, aber nicht sehen:

der Schreck das Glück die Angst

Schreibe die folgenden Sätze richtig auf.

Die erziehung von hunden macht großen spaß. Nie kommt langeweile auf und es entsteht eine freundschaft zwischen mensch und tier.

Nomen kannst du auch aus mehreren Wörtern zusammensetzen. Manchmal musst du ein s in der Mitte einfügen.

Ansichtskarte Lieblingsessen Schlafenszeit

Bilde zusammengesetzte Nomen.

Abschied – Feier Freundschaft – Band Anfang – Zeit

Tipp:

Sprich das zusammengesetzte Nomen zur Kontrolle einmal mit s und einmal ohne s.

Du kannst auch Nomen und Verben zu einem neuen Nomen zusammensetzen. Von dem Verb wird nur der Wortstamm genutzt.
die Waschanlage: waschen die Anlage

Bilde zusammengesetzte Nomen.
Schreibe sie mit dem Artikel (Begleiter) auf.

essen	Teller	spielen	Platz
malen	Stift	turnen	Halle

→ AB S. 75 – 77

Fürwörter (Pronomen) erkennen

Nomen (Namenwörter) können durch Fürwörter (Pronomen) ersetzt werden.

Der Junge ist neu in der Klasse. Er kommt aus einem anderen Land.
Die Geschichte ist lustig. Sie kann gut nachgespielt werden.
Das Spiel ist spannend. Es dauert nicht lange.

Schreibe zu den Nomen passende Fürwörter (Pronomen) auf.

der Computer   das Fahrrad   die Katze   die Menschen

Verben (Tunwörter) erkennen

Verben (Tunwörter) beschreiben, was jemand tut. Sie passen sich in ihrer Form der Person an. Deshalb heißt die Form Personalform. Tut die Person etwas gerade jetzt, steht das Verb in der Gegenwart. Wenn das, was jemand getan hat, schon vorbei ist, dann steht das Verb in der einfachen Vergangenheit.
Wenn du erzählst, was du in der Vergangenheit getan hast, verwendest du die zusammengesetzte Vergangenheit.

Gegenwart	**einfache Vergangenheit**	**zusammengesetzte Vergangenheit**
ich male	ich malte	ich habe gemalt
du malst	du maltest	du hast gemalt
er, sie, es malt	er, sie, es malte	er, sie, es hat gemalt
wir malen	wir malten	wir haben gemalt
ihr malt	ihr maltet	ihr habt gemalt
sie malen	sie malten	sie haben gemalt

Ordne die Verben in die Tabelle ein und ergänze die anderen Formen.

er hat gewonnen   wir liefen   sie warf
du bist gesprungen   sie sprangen   ich habe geträumt

→ AB S. 78, 79 – 83

Adjektive (Wiewörter) erkennen

Mit Adjektiven (Wiewörtern) kannst du Dinge, Menschen und Tiere vergleichen.

schwer	schwerer	am schwersten
Grundstufe	1. Vergleichsstufe	2. Vergleichsstufe

Der Gepard ist 60 kg schwer. Das Känguru ist schwerer, aber am schwersten ist der Blauwal.

Wenn etwas genau gleich ist, verwendest du das Adjektiv in der Grundstufe und **wie**.

Ich glaube, ich bin genauso schön **wie** du.

Willst du einen Unterschied deutlich machen, verwendest du die 1. Vergleichsstufe und **als**.

Du bist schöner **als** ich.

Vergleiche mit diesen Adjektiven. Schreibe Sätze.

schön schnell frech dumm nett billig

Wortfamilien kennen

Wörter mit dem gleichen Wortstamm gehören zu einer Wortfamilie.

Spiel, Spielzeug, spielbar, vorspielen, …

Sammle Wörter zu der Wortfamilie **sehen**.
Markiere den Wortstamm.

Seher, hinsehen, …

→ AB S. 84 – 86, 87

Sätze schreiben

In Texten erkennst du an den Redezeichen, dass etwas gesprochen wird. Im Begleitsatz zu der wörtlichen Rede steht, wer etwas sagt und wie er es sagt.

Katrin flüstert: „Ich muss dir was erzählen."
Johannes ruft: „Redet ihr etwa über mich?"

Schreibe die Sätze mit Redezeichen auf. „ " Lies die Sätze vor.

Die Lehrerin fragt: Wer hat die Lösung?
Der Ritter ruft: Ich werde den Drachen töten!
Die Sportlerin berichtet: Der Wettkampf war sehr schwer.

Schreibe die Sätze mit allen Satzzeichen auf.

Fatma schimpft	Geh gleich nach Hause
Johanna fragt	Gehst du gleich nach Hause
Simone beruhigt	Gleich gehst du nach Hause

Satzglieder kennen

Sätze bestehen aus mehreren Teilen, den Satzgliedern.
Das Satzglied, das auf die Frage Wer oder was? antwortet, heißt Subjekt (Satzgegenstand).
Das Satzglied, das auf die Fragen Was geschieht? oder Was macht jemand? antwortet, heißt Prädikat (Satzkern).

Fatma schimpft und geht nach Hause.

Schreibe die Sätze ab und unterstreiche das Subjekt (Satzgegenstand) blau und das Prädikat (Satzkern) rot.

Ritter Kuno liegt in seinem Bett.
Da hört er Schritte auf der Treppe.
Die Glocke schlägt um Mitternacht zwölf Mal.
Kuno greift schnell zu seinem Schwert.

→ AB S. 88, 89

Eigene Texte prüfen

Gehe Schritt für Schritt vor, wenn du einen Text prüfst.

- Lies den Text. Prüfe, ob der Text verständlich ist.
- Prüfe, ob du Satzanfänge großgeschrieben hast und ob am Ende des Satzes Satzzeichen stehen.
- Prüfe, ob alle anderen Wörter, die du großgeschrieben hast, Nomen sind.
- Prüfe, ob du alle Nomen großgeschrieben hast.
- Lies den Text rückwärts. Prüfe in jedem Wort, ob Buchstaben fehlen, zu viel sind oder an der falschen Stelle im Wort stehen.
- Markiere alle Wörter, bei denen du nicht sicher bist, ob sie richtig geschrieben sind.
- Prüfe die Wörter, indem du sie veränderst. Du kannst sie verlängern oder dir überlegen, welches verwandte Wort du kennst.
- Wenn du noch nicht sicher bist, dann schlage das Wort nach.

Prüfe den folgenden Text. Gehe Schritt für Schritt vor.
8 Fehler sind in dem Text. Schreibe die Wörter richtig auf.
Markiere die Stelle, die du korrigiert hast.
Begründe, warum das Wort so geschrieben wird.
Tag – Wenn ich das Wort verlängere, höre ich das g: Tage.

Im Theater
Heute ist ein ganz besonderer Tak.
Die Schule fährt gemeinsam ins Theater.
Viele Kinder haben sich schön angzogen.
Alle sind etwas aufegeregt, weil sie noch nie
in einem echten Theater waren.
sechs Busse stehen bereit.
Im Theater sitzen die Klasen in fünfzehn Reihen hintereinander.
Nur noch wenige Minuten und das Stück beginnt
In der Pause bekommt jeder eine Kleine Waffel und ein Getränk.
Auf der Rückfart im Bus erzählen alle durcheinander,
was ihnen besonders gut gefallen hat.

→ AB S. 90 – 92

Wörterliste

A a

allein
alt, älter, am ältesten
die **Angst**, die Ängste
ängstlich, ängstlicher, am ängstlichsten
arbeiten, sie arbeitet, sie arbeitete
der **Ärger**
ärgerlich, ärgerlicher, am ärgerlichsten
ärgern, er ärgert, er ärgerte
der **Arzt**, die Ärzte
die **Ärztin**, die Ärztinnen
außen

B b

backen, er backt, er backte
der **Bäcker,** die Bäcker
bauen, sie baut, sie baute
der **Baum,** die Bäume
das **Beet,** die Beete
das **Beispiel,** die Beispiele
beißen, er beißt, er biss, er hat gebissen
beobachten, sie beobachtet, sie beobachtete
die **Beobachtung,** die Beobachtungen
der **Beruf**, die Berufe
der **Besen**, die Besen
besser, am besten
das **Bett,** die Betten
biegen, sie biegt, sie bog, sie hat gebogen
bisschen
das **Blatt,** die Blätter
bleiben, er bleibt, er blieb, er ist geblieben
blicken, sie blickt, sie blickte
der **Blick,** die Blicke
blind
der **Blitz,** die Blitze
der **Block,** die Blöcke
bloß
blühen, sie blüht, sie blühte
die **Blume,** die Blumen
bohren, er bohrt, er bohrte
das **Boot,** die Boote
boxen, sie boxt, sie boxte
der **Brand,** die Brände
brennen, es brennt, es brannte
die **Brille,** die Brillen
die **Brücke,** die Brücken

C c

der **Cent,** die Cents
der **Christbaum,** die Christbäume
der **Clown,** die Clowns
der **Computer,** die Computer

D d

die **Decke,** die Decken
der **Delfin,** die Delfine
denken, sie denkt, die dachte, sie hat gedacht
deutsch
Deutschland
dick, dicker, am dicksten
der **Dieb,** die Diebe
donnern, es donnert, es donnerte
der **Draht,** die Drähte
draußen
der **Dreck**
dreckig, dreckiger, am dreckigsten
drehen, er dreht, er drehte
der **Druck**
drücken, sie drückt, sie drückte
dumm, dümmer, am dümmsten
die **Dummheit,** die Dummheiten
dünn, dünner, am dünnsten
der **Durst**
durstig, durstiger, am durstigsten

E e

die **Ecke,** die Ecken
ehrlich, ehrlicher, am ehrlichsten
entdecken, sie entdeckt, sie entdeckte
die **Entfernung,** die Entfernungen
entwickeln, er entwickelt, er entwickelte
die **Entwicklung,** die Entwicklungen
erklären, er erklärt, er erklärte
erlauben, sie erlaubt, sie erlaubte
die **Erlaubnis**
erleben, er erlebt, er erlebte
das **Erlebnis,** die Erlebnisse
ernähren, sie ernährt, sie ernährte
erschrecken, er erschreckt, er erschreckte
erwarten, er erwartet, er erwartete
die **Erwartung,** die Erwartungen
erzählen, sie erzählt, sie erzählte
die **Erzählung,** die Erzählungen

F f

falsch
die **Fee,** die Feen
der **Fehler,** die Fehler
fehlerfrei
die **Ferien**

der **Fernseher,** die Fernseher
fertig
feucht, feuchter, am feuchtesten
die **Feuchtigkeit**
die **Fledermaus,** die Fledermäuse
der **Fleiß**
fleißig, fleißiger, am fleißigsten
fliehen, er flieht, er floh, er ist geflohen
fließen, es fließt, es floss, es ist geflossen
das **Flugzeug,** die Flugzeuge
der **Fluss,** die Flüsse
die **Flüssigkeit,** die Flüssigkeiten
frei
die **Freiheit**
fröhlich, fröhlicher, am fröhlichsten
die **Fröhlichkeit**
der **Fuchs,** die Füchse
fühlen, sie fühlt, sie fühlte
führen, er führt, er führte
die **Führung,** die Führungen

Gg

die **Gans,** die Gänse
ganz
geben, sie gibt, sie gab, sie hat gegeben
der **Geburtstag,** die Geburtstage
die **Gefahr,** die Gefahren
gefährlich, gefährlicher, am gefährlichsten
geheim, geheimer, am geheimsten
das **Geheimnis,** die Geheimnisse
gehen, sie geht, sie ging, sie ist gegangen
das **Gesetz,** die Gesetze
gesund, gesünder, am gesündesten
das **Gewächs,** die Gewächse
gewinnen, er gewinnt, er gewann, er hat gewonnen
das **Gewitter,** die Gewitter
gießen, sie gießt, sie goss, sie hat gegossen
die **Giraffe,** die Giraffen
glatt, glatter, am glattesten
das **Glück**
glücklich, glücklicher, am glücklichsten
glühen, es glüht, es glühte
das **Gras,** die Gräser
grüßen, er grüßt, er grüßte

Hh

das **Haar,** die Haare
haben, sie hat, sie hatte, sie hat gehabt
der **Hamster,** die Hamster
das **Handy,** die Handys
der **Hang,** die Hänge
hart, härter, am härtesten
der **Hase,** die Hasen
die **Heizung,** die Heizungen
helfen, sie hilft, sie half, sie hat geholfen
die **Hitze**
die **Höhle,** die Höhlen
der **Hunger**
hungrig, hungriger, am hungrigsten
hüpfen, er hüpft, er hüpfte, er ist gehüpft

Ii

die **Idee,** die Ideen
informieren, er informiert, er informierte
interessant, interessanter, am interessantesten
das **Interesse,** die Interessen

Jj

jemand
jung, jünger, am jüngsten
der **Junge,** die Jungen

Kk

der **Käfig,** die Käfige
der **Kaffee**
das **Känguru,** die Kängurus
der **Käse**
der **Keks,** die Kekse
kennen, sie kennt, sie kannte, sie hat gekannt
kleben, er klebt, er klebte
der **Klee**
klettern, sie klettert, sie kletterte, sie ist geklettert
der **Korb,** die Körbe
die **Kraft**
kräftig, kräftiger, am kräftigsten
kratzen, er kratzt, er kratzte
kriechen, es kriecht, es kroch, es ist gekrochen
das **Krokodil,** die Krokodile
kühl, kühler, am kühlsten
der **Kuss,** die Küsse

Ll

das **Land,** die Länder
lang, länger, am längsten
der **Lärm**
lassen, sie lässt, sie ließ, sie hat gelassen
das **Laub**
leben, er lebt, er lebte, er hat gelebt
leer
der **Lehrer,** die Lehrer
die **Lehrerin,** die Lehrerinnen
leihen, sie leiht, sie lieh, sie hat geliehen

lesen, er liest, er las, er hat gelesen
letzte, letzter, letztes
das **Lied**, die Lieder
links
der **Löffel**, die Löffel
der **Lohn**, die Löhne

Mm

machen, sie macht, sie machte
das **Mädchen**, die Mädchen
mähen, er mäht, er mähte
die **Maschine**, die Maschinen
das **Maß**, die Maße
die **Medien**
das **Meer**, die Meere
mehr
messen, sie misst, sie maß, sie hat gemessen
das **Messer**, die Messer
der **Mittag**
mixen, er mixt, er mixte
das **Moos**, die Moose
der **Mut**
mutig, mutiger, am mutigsten

Nn

die **Nacht**, die Nächte
nah, näher, am nächsten
nähen, sie näht, sie nähte
nass, nasser, am nassesten
die **Nässe**
natürlich
niemals
niemand
nützlich, nützlicher, am nützlichsten

Oo

das **Obst**
offen
ohne
das **Ohr**, die Ohren

Pp

das **Paar**, die Paare
packen, er packt, er packte
das **Päckchen**, die Päckchen
das **Paket**, die Pakete
der **Papagei**, die Papageien
passen, es passt, es passte
der **Pilz**, die Pilze
plötzlich
das **Programm**, die Programme

Qq

das **Quadrat**, die Quadrate
quälen, sie quält, sie quälte
die **Qual**, die Qualen
die **Quelle**, die Quellen

Rr

das **Radio**, die Radios
raten, er rät, er riet, er hat geraten
das **Rätsel**, die Rätsel
rechts
das **Reh**, die Rehe
reißen, sie reißt, sie riss, sie hat gerissen
rennen, er rennt, er rannte, er ist gerannt
richtig
ruhen, sie ruht, sie ruhte
ruhig, ruhiger, am ruhigsten
rühren, er rührt, er rührte

Ss

sammeln, sie sammelt, sie sammelte
die **Sammlung**, die Sammlungen
der **Satz**, die Sätze
scharf, schärfer, am schärfsten
schieben, er schiebt, er schob, er hat geschoben
schief, schiefer, am schiefsten
die **Schildkröte**, die Schildkröten
schleichen, sie schleicht, sie schlich, sie ist geschlichen
schließlich
der **Schlüssel**, die Schlüssel
schmecken, es schmeckt, es schmeckte
der **Schmetterling**, die Schmetterlinge
der **Schmutz**
schmutzig, schmutziger, am schmutzigsten
der **Schnee**
der **Schreck**
schrecklich, schrecklicher, am schrecklichsten
schreiben, er schreibt, er schrieb, er hat geschrieben
schützen, sie schützt, sie schützte
der **Schutz**
schweigen, er schweigt, er schwieg, er hat geschwiegen
schwierig, schwieriger, am schwierigsten
die **Schwierigkeit**, die Schwierigkeiten
schwimmen, sie schwimmt, sie schwamm, sie ist geschwommen
schwitzen, er schwitzt, er schwitzte
der **See**, die Seen
setzen, sie sitzt, sie saß, sie hat gesessen
die **Skizze**, die Skizzen
die **Sonne**
spannend, spannender, am spannendsten
der **Spaß**, die Späße

spät, später, am spätesten
spielen, er spielt, er spielte
die **Spitze**, die Spitzen
spitz, spitzer, am spitzesten
springen, er springt, er sprang, er ist gesprungen
sprühen, sie sprüht, sie sprühte
die **Stadt**, die Städte
der **Stamm**, die Stämme
stark, stärker, am stärksten
stehen, er steht, er stand, er hat gestanden
der **Strand**, die Strände
die **Straße**, die Straßen
der **Strauß**, die Sträuße
der **Streit**
streiten, sie streitet, sie stritt, sie hat gestritten
das **Stück**, die Stücke
süß, süßer, am süßesten
die **Süßigkeit**, die Süßigkeiten

Tt

der **Tag**, die Tage
die **Tasse**, die Tassen
das **Taxi**, die Taxis
der **Tee**
der **Teller**, die Teller
der **Text**, die Texte
das **Theater**, die Theater
tief, tiefer, am tiefsten
die **Träne**, die Tränen
der **Traum**, die Träume
träumen, er träumt, er träumte
treffen, sie trifft, sie traf, sie hat getroffen
trinken, er trinkt, er trank, er hat getrunken
trocken, trockener, am trockensten
turnen, sie turnt, sie turnte

Uu

üben, er übt, er übte
und
ungefähr
unter
der **Unterricht**
der **Urlaub**

Vv

die **Vase**, die Vasen
der **Vater**, die Väter
verbieten, er verbietet, er verbot, er hat verboten
verbrauchen, sie verbraucht, sie verbrauchte
vergessen, er vergisst, er vergaß, er hat vergessen
verletzen, sie verletzt, sie verletzte
die **Verletzung**, die Verletzungen
verlieren, er verliert, er verlor, er hat verloren
verpacken, sie verpackt, sie verpackte
die **Verpackung**, die Verpackungen
verraten, er verrät, er verriet, er hat verraten
verschmutzen, es verschmutzt, es verschmutzte
die **Verschmutzung**, die Verschmutzungen
verstehen, sie versteht, sie verstand, sie hat verstanden
vertragen, er verträgt, er vertrug, er hat vertragen
viel, mehr, am meisten
vielleicht
vier
der **Vogel**, die Vögel
voll
die **Vorfahrt**
die **Vorsicht**
vorsichtig, vorsichtiger, am vorsichtigsten

Ww

die **Waage**, die Waagen
wachsen, sie wächst, sie wuchs, sie ist gewachsen
die **Wahl**, die Wahlen
wählen, er wählt, er wählte
während
der **Wald**, die Wälder
wechseln, sie wechselt, sie wechselte
der **Wecker**, die Wecker
wehen, er weht, er wehte
wichtig, wichtiger, am wichtigsten
wiegen, er wiegt, er wog, er hat gewogen
wild, wilder, am wildesten
der **Wind**, die Winde
wissen, sie weiß, sie wusste, sie hat gewusst

Zz

zeichnen, er zeichnet, er zeichnete
ziehen, sie zieht, sie zog, sie hat gezogen
das **Ziel**, die Ziele
zielen, er zielt, er zielte
der **Zoo**, die Zoos
zuletzt
zurück

	Sprechen und Zuhören	Lesen/Mit Texten und Medien umgehen
Die Welt der Wörter (S. 7–25)	ein Gedicht vortragen **(8, 12)**, eine Entscheidung begründen **(19)**	Gedanken und Gefühle zu Texten äußern **(durchgängig)**; Gedichte und Reime lesen **(7, 8, 9, 12, 15, 17, 22)**; Signalgruppen in Wörtern erkennen **(13)**; Cartoons lesen **(14)**; Geschichten lesen **(18, 24/25)**; einen Text mit verteilten Rollen lesen **(18)**; Lesefertigkeit: in Wörtern versteckte Tiere lesen **(21)**; Lesefertigkeit: Buchstaben-Sätze lesen **(22)**; in Texten gezielt Informationen finden und wiedergeben **(25)**
Ich, du, wir (S. 26–51)	betont sprechen **(36)**; sprachliche Gestaltungsmittel erproben **(36)**; Mimik und Gestik beschreiben **(38)**; Gefühle und Stimmungen darstellen **(39)**; die eigene Meinung äußern und begründen **(42)**; eigene Ideen einbringen und sich zu Gedanken anderer äußern **(43)**; mit anderen über ein Thema sprechen **(44)**	Gedanken und Gefühle zu Texten äußern **(durchgängig)**; Geschichten lesen **(26/27, 30–32, 34/35, 40–42, 45–47)**; Lesefertigkeit: zusammengesetzte Fantasienomen lesen **(47)**; Gedichte und Reime lesen **(38, 39)**; zu einem Gedicht malen **(38)**; Zeichen (Emoticons) verstehen **(43)**; im Internet recherchieren **(43, 44)**; Signalgruppen in Wörtern erkennen **(51)**
Hier und anderswo (S. 52–71)	zu einem Bild erzählen **(52)**; ein Wunschzimmer beschreiben **(57)**; Suchaufträge stellen **(59)**; mit anderen über ein Thema sprechen **(64)**; eine Auswahl begründen: Buchempfehlung **(65)**	Gedanken und Gefühle zu Texten äußern **(durchgängig)**; Geschichten lesen **(54/55, 68/69)**; Vermutungen über den Fortgang einer Geschichte äußern **(54)**; Gemeinsamkeiten in Geschichten erkennen **(55)**; diskontinuierliche Texte lesen: Karte mit Infotexten **(58/59)**; in Texten gezielt Informationen finden und wiedergeben **(59)**; Sachtexte lesen **(60–62, 65, 66)**; zu einem Thema recherchieren **(62)**; Floskeln in verschiedenen Sprachen lesen **(64, 68/69)**; Lesefertigkeit: Verse lesen **(69)**
Fit und gesund (S. 72–91)	mit anderen über ein Thema sprechen **(74, 87)**; sich ohne Worte verständigen **(74)**; demokratische Verhaltensweisen einüben **(89)**	Gedanken und Gefühle zu Texten äußern **(durchgängig)**; Redewendungen verstehen **(73/74)**; Sachtexte lesen **(76, 77, 79, 88)**; Personenbeschreibungen lesen **(78)**; Klassensteckbriefe lesen **(79)**; Geschichten lesen **(80/81, 82/83, 86/87)**; in Texten gezielt Informationen finden und wiedergeben **(81, 84, 90)**; Aussagen mit Textstellen belegen **(81)**; Rezepte lesen und verstehen **(84)**; diskontinuierliche Texte lesen: Speiseplan **(84, 90)**; Lesefertigkeit: Wörter zusammensetzen **(89)**
Wie die Zeit vergeht (S. 92–105)	zu Fotos erzählen **(92/93)**; über Lernprozesse und Lernerfahrungen sprechen **(97)**; Informationen an andere weitergeben **(99)**; eine Geschichte weitererzählen **(102)**	Gedanken und Gefühle zu Texten äußern **(durchgängig)**; Geschichten lesen **(93/94, 96/97, 102–104)**; zu einem Thema recherchieren **(97)**; Sachtext lesen **(98)**; diskontinuierliche Texte lesen: Öffnungszeiten, Preise **(99)**; in Texten gezielt Informationen finden und wiedergeben **(99)**; im Internet recherchieren **(99)**; Lesefertigkeit: Immer längere Sätze lesen **(101)**
Bücher und andere Medien (S. 106–131)	über verschiedene Medien und Medienkonsum sprechen **(106/107, 108/109)**; eine eigene Meinung äußern und Medienbeiträge bewerten **(108/109)**; eine Auswahl begründen: Buchempfehlung **(124)**; eine Meinung begründen **(125)**; szenisch spielen **(129)**	Gedanken und Gefühle zu Texten äußern **(durchgängig)**; diskontinuierliche Texte lesen: Zeitpläne, Eintrittskarte **(107, 131)**; Sachtext lesen **(108)**; im Internet recherchieren **(108, 109, 129)**; Lesefertigkeit: immer längere Wörter lesen **(111)**; Geschichten lesen **(112/113, 126–128)**; Autorenporträt lesen **(114/115)**; einen Comic lesen **(120–122)**; Merkmale eines Comics erkennen **(122)**; sich in der Bibliothek zurechtfinden: Textsorten **(124)**; ein Kinderbuch vorstellen **(125)**; in altersgemäßen Kinderbüchern lesen und über die Leseeindrücke sprechen **(125)**; einen Text mit verteilten Rollen lesen **(126–128)**; Aussagen mit Textstellen belegen **(129)**; in Texten gezielt Informationen finden und wiedergeben **(129, 131)**

Schreiben/Texte verfassen	Richtig schreiben	Sprache und Sprachgebrauch untersuchen/ Sprachbewusstsein entwickeln
mit Reimwörtern ein Gedicht schreiben **(13, 22)**; ein Gedicht gestalten **(13)**; ein Parallelgedicht schreiben **(17)**; Buchstabensätze schreiben **(22)**; beschreiben **(25)**	Großschreibung von Nomen **(10)**; Adjektive mit -ig und -lich **(11)**; Schreibweise durch Verlängern prüfen **(11)**; Schreibweise von Fremdwörtern **(19)**; nachschlagen **(20)**; Wörter nach dem ABC ordnen **(21)**; Wörter mit V/v **(23)**	Adjektive **(8, 11)**; Adjektive: Gegensatzpaare **(9)**, abstrakte Nomen **(10)**; Einzahl – Mehrzahl **(10)**; Reimwörter sammeln **(13, 22)**; Verben: Grundform, Personalform **(16)**; Wortfelder gehen und reden **(17)**; Fremdwörter: Bedeutung **(19)**; das ABC kennen und nutzen **(20/21)**; Wörter nach Wortarten ordnen **(23)**; Wortbausteine ver- und vor- **(23)**
zu Fotos schreiben **(38)**; ein Parallelgedicht schreiben **(39)**; treffende Wörter sammeln **(39, 50)**; eine Geschichte weiterschreiben **(42)**; Namen vorstellen **(44)**	wörtliche Rede: Zeichensetzung **(32, 33, 51)**; Ausrufezeichen bei Aufforderungen **(36)**; Wörter mit b im Inlaut oder Auslaut **(37)**; Schreibweise durch Verändern prüfen: Grundform bilden **(37)**	Adjektive: Vergleichsstufen, Vergleiche mit wie und als **(28/29, 50)**; wörtliche Rede mit Begleitsatz **(32/33)**; Wortfeld sagen **(33)**; Aufforderungen **(36)**; Verben: Grundform, Personalform **(37)**; Emoticons als Symbolsystem **(43)**; Bedeutung von Eigennamen **(44)**
zu einem Bild malen und schreiben **(53)**; eine Geschichte planen **(55)**; eine Geschichte nach vorgegebenen Strukturen schreiben **(55)**; über Ausflugsziele informieren **(59)**; Floskeln in verschiedenen Sprachen in einer Tabelle erfassen **(64)**; Informationen übersichtlich darstellen **(66)**; Rätsel schreiben **(70)**	Wörter mit Dehnungs-h **(56)**; Fugen-s bei zusammengesetzten Nomen **(67)**; Großschreibung am Satzanfang prüfen **(70)**	Wortfamilien **(56/57)**; Wörter zur Wortfamilie wohnen mit Wortbausteinen bilden **(57)**; Präpositionen **(57)**; Satzglied Subjekt **(63)**; unterschiedliche Sprachen vergleichen **(64, 68/69)**; zusammengesetzte Nomen **(67)**; Nomen mit Wortbausteinen -ung, -heit, -keit, -nis bilden **(67)**; Einzahl – Mehrzahl **(67)**; Pronomen **(70)**; Verben in der Personalform verwenden **(71)**; einfache Vergangenheit **(71)**; Verben, Wortstamm **(71)**
Stichwörter zu Beobachtungsaufgaben notieren **(74)**; Hörspiele aufschreiben **(74)**; Plakate gestalten **(89)**	Schreibweise prüfen: Satzzeichen bei wörtlicher Rede **(83)**	Redewendungen **(73/74)**; Satzglied Prädikat **(75, 91)**; Wortfeld sagen **(83)**; Satzglied Subjekt **(85, 91)**; mit Satzgliedern experimentieren **(75, 85, 91)**; Brailleschrift als Symbolsystem **(76)**; Nomen mit Wortbausteinen -ung, -heit, -keit, -nis bilden **(91)**; Pronomen **(91)**; Wortfamilie: Wortstamm **(91)**
Sätze und Texte in der Vergangenheit schreiben **(95, 100, 101)**; Fragen überlegen und Antworten dazu schreiben **(95)**; Plakate gestalten **(95)**; Bilderbücher präsentieren **(99)**; Termine notieren **(102)**	Schreibweise prüfen: Satzzeichen **(105)**; Schreibweise mit Wörterliste prüfen **(101)**	einfache und zusammengesetzte Vergangenheit **(100/101)**; unterschiedliche Zeitangaben **(102)**; mit Satzgliedern experimentieren **(102)**; Pronomen **(102)**
Texte überarbeiten **(116, 130)**; Texte in einer Schreibkonferenz überarbeiten **(117)**; Texte mit dem Computer schreiben und korrigieren **(118/119, 123)**; eine Geschichte weiterschreiben **(122, 129)**; Sprechblasen in wörtlicher Rede mit Begleitsätzen aufschreiben **(123)**; treffende Wörter verwenden **(123)**; einen Notizzettel schreiben **(124)**; Buchtitel zu Textsorten aufschreiben **(124)**; Stichwörter für eine Buchvorstellung notieren **(125)**; Rollenkarten schreiben **(129)**	Großschreibung von zusammengesetzten Nomen **(110)**; zusammengesetzte Nomen mit gleichen Mitlauten richtig schreiben **(110)**; Wörter mit b, d, g im Inlaut oder Auslaut **(111, 131)**; Schreibweise durch Verlängern oder Verändern prüfen **(111)**; Wörter mit x-Laut **(112)**; Schreibweise prüfen: Satzzeichen bei wörtlicher Rede **(123, 131)**	zusammengesetzte Nomen: Verben und Nomen **(110, 130)**; Wortfeld sprechen **(123)**; Verben: Gegenwart und Vergangenheit **(130)**; wörtliche Rede mit Begleitsatz **(131)**

	Sprechen und Zuhören	Lesen/Mit Texten und Medien umgehen
Arbeit und Beruf (S. 132–147)	eine Meinung begründen **(135)**; ein Interview führen **(135, 141)**; Informationen an andere weitergeben **(135, 139, 143)**; mit anderen über ein Thema sprechen **(137)**	Gedanken und Gefühle zu Texten äußern **(durchgängig)**; Sachtexte lesen **(132/133, 136, 137, 138, 141, 142/143)**; Lesefertigkeit: Fantasieberufe lesen **(134)**; Fragen und Antworten zuordnen **(135)**; Aussagen mit Textstellen belegen **(136)**; im Internet recherchieren **(137)**; genau lesen und Begriffe aus dem Text erschließen **(139)**; Geschichten lesen **(140)**; Lesefertigkeit: Alliterationen lesen **(143)**; Anleitungen lesen und verstehen **(144)**
Fantasie und Märchen (S. 148–169)	zu einem Bild erzählen **(148/149)**; eine Geschichte weitererzählen **(159)**; mit anderen über ein Thema sprechen **(165)**; szenisch spielen **(167/168)**; mit Betonung sprechen **(166)**	Gedanken und Gefühle zu Texten äußern **(durchgängig)**; Geschichten lesen **(150, 152–155, 156–158, 162–165)**; Lesefertigkeit: Vergangenheitswörter lesen **(159)**; einen Text mit verteilten Rollen lesen **(163–165, 166)**; in Texten gezielt Informationen finden und wiedergeben **(165)**; Merkmale eines Märchens erkennen **(165)**
Der Natur auf der Spur (S. 170–193)	eine Auswahl begründen **(171)**; berichten **(185)**; eine Meinung begründen **(191)**	Gedanken und Gefühle zu Texten äußern (**durchgängig**); sinnentnehmend lesen **(170/171, 181, 186/187)**; Sachtexte lesen **(172, 178/179, 180, 182–184)**; in Texten gezielt Informationen finden und wiedergeben **(172, 179)**; ein Interview lesen **(173)**; Gedichte lesen **(174/175, 190/191)**; konkrete Poesie verstehen **(175)**; Piktogramme verstehen **(176)**; Lesefertigkeit: Geheimschrift lesen **(177)**; in Lexika oder im Internet recherchieren **(181)**; Überschriften zuordnen **(181)**; verschiedene Textsorten zu einem Thema lesen: Sachtext, Zeitungsbericht **(182–185)**; eine Anleitung lesen und verstehen **(189, 192)**; Gedichte und Bezeichnungen zuordnen **(191)**; Strukturmerkmale von Gedichten erkennen **(191)**; Gedichte vergleichen **(191)**; Texte und Bilder zuordnen **(192)**
Die Jahresuhr (S. 194–207)	über Bräuche sprechen **(197, 198/199, 200/201, 204)**	Gedanken und Gefühle zu Texten äußern **(durchgängig)**; Geschichten lesen **(194/195, 197, 198/199, 200/201, 202, 204, 207)**; Gedichte lesen **(196, 203, 207)**; sich über Weihnachtsbräuche in anderen Ländern informieren **(201)**; einen Sachtext lesen **(206)**; Versuchsanleitungen lesen und verstehen **(206)**
Werkstatt (S. 208–231)	miteinander sprechen: trösten, einladen, Auskunft geben **(208)**; Gesprächsregeln einhalten **(208)**; Konflikte regeln **(209)**; zuhören und verstehen **(209)**; erzählen **(210)**; eine Geschichte nacherzählen **(210)**; einen Vortrag halten **(211)**; ein Gedicht vortragen, szenisch darstellen **(211)**	Wörter lesen: lange Wörter lesen, unvollständige Wörter lesen **(212)**; genau lesen: sinnentnehmend **(212)**; Satzzeichen beachten **(213)**; Vermutungen zu Überschriften und Buchtiteln äußern **(213)**; einen Text mit Bildern lesen: Bastelanleitung **(214)**; einen diskontinuierlichen Text lesen: Informationen finden **(214)**; unbekannte Wörter verstehen **(215)**; Gedanken und Gefühle zu einem Text äußern **(216)**; einen Text mithilfe von Schlüsselwörtern nacherzählen **(217)**

Schreiben/Texte verfassen	Richtig schreiben	Sprache und Sprachgebrauch untersuchen/ Sprachbewusstsein entwickeln
männliche und weibliche Berufsbezeichnungen sammeln **(134)**; Fragen für ein Interview notieren **(135)**; eine Fantasiemaschine malen und beschreiben **(140)**; ein Plakat gestalten **(141)**; einen Ablauf in Stichwörtern notieren **(143)**; eine Vorgangsbeschreibung aufschreiben **(144)**; Sätze mit ß-Wörtern schreiben **(146)**	Wörter mit ie, ih und i **(143)**; Wörter mit s und ss **(146)**; Silbentrennung **(146)**; Wörter mit ß **(146)**; kurze und lange Selbstlaute **(146, 147)**; Sätze im Partnerdiktat schreiben und kontrollieren **(146)**; Wörter mit tz und ck **(146)**	Nomen mit der Endung -in **(134)**; Fachbegriffe **(139)**; Wörter mit lang gesprochenem i sammeln **(143)**; mit Satzgliedern experimentieren **(145)**; Subjekt und Prädikat **(145)**; Wörter mit ß sammeln **(146)**; Wörter mit tz und ck sammeln **(147)**; Wortfamilie backen, Wortstamm **(147)**
eine Geschichte weiterschreiben **(151, 165)**; Texte überarbeiten **(151)**; ein Märchen als Comic gestalten **(155)**; Präsentationsmöglichkeiten überlegen **(155)**; Sätze in wörtlicher Rede mit Begleitsätzen aufschreiben **(159)**; Überschriften zu Szenen überlegen **(166)**; Szenen aufschreiben **(167)**; eine Einladung schreiben **(167)**; eine Einladung mit dem Computer gestalten **(167)**; ein Plakat gestalten **(167)**	Schreibweise prüfen **(151)**; Schreibweise prüfen: Satzzeichen bei wörtlicher Rede **(159)**; Wörter mit silbentrennendem h **(161)**; Schreibweise prüfen: Satzzeichen **(168)**; Wörter mit doppeltem Mitlaut **(169)**; Schreibweise prüfen: Silbentrennung **(169)**	Wortfamilie fliegen, Wortstamm **(160)**; Verben: Gegenwart und Vergangenheit **(160)**; Wortfamilie gehen, Wortstamm **(161)**; Verben in der Personalform verwenden **(168)**; mit Satzgliedern experimentieren **(168)**; Subjekt und Prädikat **(168)**
ein Baumbuch gestalten **(175)**; Aufgaben für Waldjugendspiele schreiben **(176)**; ein Informationsblatt (Steckbrief) gestalten **(179)**; Fachbegriffe-Kartei anlegen **(181)**; Stichwörter für eine Reportage aufschreiben **(185)**; einen Beobachtungskalender anlegen **(189)**; eigene Gedichte schreiben **(191)**; zu Wörtern eine Geschichte schreiben **(192)**; Geschichten überarbeiten **(192)**	Wörter mit ä und äu **(177)**; kurze und lange Selbstlaute **(186/187, 193)**; Wörter mit aa, ee und oo **(188)**; Satzzeichen bei wörtlicher Rede **(193)**; Wörter mit ss und ß **(193)**	Fachbegriffe erklären **(181)**; Wörter mit aa, ee und oo sammeln **(188)**; zusammengesetzte Nomen bilden **(188)**; wörtliche Rede mit Begleitsatz **(193)**
ein Parallelgedicht schreiben **(196)**; Herbstgedichte schreiben **(196)**; ein Gruselfest planen **(197)**; ein Plakat gestalten **(201)**; Gedichte (Elfchen und Akrostichon) zu einem Bild schreiben **(203)**; Mütterrätselbuch schreiben und gestalten **(205)**; Beobachtungen zu einem Experiment notieren **(206)**; eine Versuchsanleitung aufschreiben **(206)**		
einen Text mithilfe von Stichwörtern planen **(218)**; treffende Wörter sammeln **(218)**; zu Wörtern schreiben **(219)**; zu Bildern oder Musik schreiben **(219)**; Notizen aufschreiben **(220)**; ein Anliegen oder einen Wunsch äußern **(220)**; Anleitungen schreiben **(221)**; ein Gedicht (Mittendrin-Gedicht) nach Vorgaben schreiben **(221)**; Reihenfolge und Vollständigkeit prüfen **(222)**; einen Text überarbeiten **(222)**; Texte mit dem Computer gestalten **(223)**	Wörter mit kurzen und langen Selbstlauten schreiben **(224)**; Lautverhärtung: Wörter verlängern oder Grundform bilden **(224)**; Wörter mit schwierigen Stellen schreiben **(225)**; Fremdwörter **(225)**; Silbentrennung **(226)**; Nomen großschreiben, Fugen-s **(227)**; Sätze schreiben: Satzzeichen am Satzende und bei wörtlicher Rede **(230)**; Texte prüfen und verbessern **(231)**	Wörter aus Wortbausteinen zusammensetzen **(226)**; Nomen erkennen: Artikel, Mehrzahl, zusammengesetzte Nomen **(227)**; Pronomen erkennen **(228)**; Verben erkennen: Grundform, Personalform, einfache und zusammengesetzte Vergangenheit **(228)**; Adjektive erkennen: vergleichen **(229)**; Wortfamilien kennen: Wortstamm **(229)**; Satzglieder kennen: Subjekt und Prädikat **(230)**

Textquellenverzeichnis

S. 7 Hans Manz: Lesen lernen. Aus: Lieber heute als morgen, © 1988 Beltz & Gelberg in der Verlagsgruppe Beltz, Weinheim & Basel; **S. 8** Erwin Grosche: Ich will nicht mehr, ich kann nicht mehr. Aus: Wenn mein Dackel Flügel hätte, Boje Verlag, Köln 2000; **S. 9** Klaus H. Sindern: Mein Bruder Paul und ich. Originalbeitrag; **S. 12** Hans Baumann: Ameisen krabbeln. Aus: Wer Flügel hat, kann fliegen, Verlag Ensslin & Laiblin, Reutlingen 1966; **S. 14/15** Kornelia Birkenfeld: Gibt es bei den Gurken nicht auch üble Schurken? Aus: Hans-Joachim Gelberg (Hrsg.): Oder die Entdeckung der Welt, © 1997 Beltz & Gelberg in der Verlagsgruppe Beltz, Weinheim & Basel; **S. 16** Marie Marcks: Gehen. Aus: Hans-Joachim Gelberg (Hrsg.): Überall und neben dir, © 1986 Beltz & Gelberg in der Verlagsgruppe Beltz, Weinheim & Basel; **S. 17** Roswitha Fröhlich: Frage. Aus: aus: Hans-Joachim Gelberg (Hrsg.): Überall und neben dir, a. a. O.; **S. 18** Lane Smith: Das ist ein Buch (gekürzt). Aus dem Amerikanischen von Michael Krüger, © Sanssouci Verlag im Carl Hanser Verlag, München 2011; **S. 22** Erich Fried: Freie Wahl mit guten Vorsätzen. Aus: Zwischen Tür und Amsel, Ravensburger Buchverlag, Ravensburg 1990, © Wagenbach Verlag, Berlin; **S. 24/25** Bart Moeyaert: Afrika hinter dem Zaun (gekürzt). Aus dem Niederländischen von Mirjam Pressler, Carlsen Verlag, Hamburg 1999; **S. 26/27** Martin Baltscheit: Der kleine Herr Paul stellt sich vor (gekürzt). Mit Illustrationen von Ulf K., Berlin Verlag, Berlin 2008, © TERZIO Möllers & Bellinghausen Verlag GmbH, München; **S. 30–32** Lorenz Pauli: Mutig, mutig (gekürzt). Aus: Lorenz Pauli/Kathrin Schärer: MUTIG, MUTIG, Copyright ©, 2006 Atlantis, an imprint of Orell Füssli Verlag AG, Zürich; **S. 33** Heinz Janisch: Liebes-und Schimpfwörter lesen. Aus: Du Schmusegorilla! Bajazzo Verlag, Zürich 2010; S. **34/35** Martin Auer: Das Frühstück. Aus: Hans-Joachim Gelberg (Hrsg.): Überall und neben dir, a. a. O.; **S. 38** Christine Nöstlinger: Berechtigte Forderung. Aus: Christine Nöstlinger/Jutta Bauer: Ein und Alles – Kalender für jeden Tag! © 1995 Beltz & Gelberg in der Verlagsgruppe Beltz, Weinheim & Basel; **S. 39** Hanna Hanisch: Meine zweimal geplatzte Haut. Aus: Hans-Joachim Gelberg (Hrsg.): Überall und neben dir, a. a. O.; **S. 40–42** Kirsten Boie: Kann doch jeder sein, wie er will. Mit Illustrationen von Stefanie Scharnberg, Verlag Friedrich Oetinger, Hamburg 2010; **S. 45–47** Achim Bröger: Tschüs, Bär (gekürzt). Mit Illustrationen von Jan Jutte **(S. 45–48)**, aus: So klein ... und schon verknallt? Arena Verlag, Würzburg 1994; **S. 54/55** Peter Stamm: Warum wir vor der Stadt wohnen (gekürzt). Mit Illustrationen von Jutta Bauer, © S. Fischer Verlag GmbH, Frankfurt/M. 2010; S. **60–62** Normee Ekoomiak: Inuit – Bilder aus einer Kindheit. Übersetzt von Rolf Römer, Speer Verlag, Zürich 1994, für die Originalausgabe Copyright © 2011 by Montreal Contacts Rights Agency, Montreal; **S. 66** Wenn die Welt ein Dorf wäre. Nach David Smith: Wenn die Welt ein Dorf wäre, Deutsch von Hildegard Gärtner, Jungbrunnen Verlag, Wien/München 2002; **S. 68/69** Aygen-Sibel Çelik: Sinan und Felix (gekürzt). Mit Illustrationen von Barbara Korthues, Annette Betz Verlag, Wien/München 2007; **S. 72/73** Was Körperteile so sagen. Aus: Rosa Maria Plattner (Hrsg.): Das neue Sprachbastelbuch, illustriert von Carola Holland, G&G Verlag, Wien 2008; **S. 80/81** Anne Hilgendorff: Wenn die Haut verrückt spielt (gekürzt). Aus: Mich juckt es so! Thieme Verlag, Stuttgart 2007; **S. 82/83** Cornelia Funke: Die Glücksfee (gekürzt). Mit Illustrationen von Sybille Hein, © S. Fischer Verlag GmbH, Frankfurt/M. 2003; **S. 86/87** Martin Baltscheit: Kurz der Kicker (gekürzt). Alterberliner Verlag, Leipzig 2006; **S. 88** Wozu gibt es Schiedsrichter? Aus: Gabi Neumayer: Frag doch mal ... die Maus – Fußball, cbj Verlag, München 2008; **S. 96/97** Kirsten Boie: Der kleine Ritter Trenk (gekürzt). Mit Illustrationen von Barbara Scholz, Oetinger Verlag, Hamburg 2006; **S. 98/99** Im Bilderbuchmuseum. Burg Wissem – Bilderbuchmuseum der Stadt Troisdorf, www.burgwissem.de; Mecki bei den 7 Zwergen, illustriert von Wilhelm Petersen, © 2011 VG-Bild-Kunst, Bonn; **S. 102–104** Kirsten Boie: Mittwochs darf ich spielen. Mit Illustrationen von Philip Waechter, © S. Fischer Verlag GmbH, Frankfurt/M. 2008; **S. 112/113** Kirsten Boie: Paule ist ein Glücksgriff (gekürzt). Mit Illustrationen von Silke Brix, © Verlag Friedrich Oetinger, Hamburg 2010; **S. 125** Kirsten Boie: Der kleine Ritter Trenk (Klappentext). a. a. O.; **S. 126–128** Sven Nordqvist: Nicke findet einen Stuhl (gekürzt). Deutsch von Angelika Kutsch, Verlag Friedrich Oetinger, Hamburg 1992, © Bokförlaget Opal, Bromma; **S. 132/133** Dieter Böge: Jeder tut etwas. Aus: Was tun!? Bajazzo Verlag, Zürich 2008; **S. 136** Jane Goodall. Aus: Gudrun Spitta/Karin Vach: Bedeutende Frauen und ungewöhnliche Männer, Kallmeyer Verlag, Seelze 2002; **S. 137** Maria Anna Mozart. Aus: Gudrun Spitta/Karin Vach: Bedeutende Frauen und ungewöhnliche Männer, a. a. O.; **S. 138** Pablo Picasso. Nach: Britta Benke: Wer ist eigentlich dieser Picasso?, Kindermann Verlag, Berlin 2007; **S. 140** Anne und Paul Maar: Die Erfindungsmaschine. Aus: Anne und Paul Maar: Mehr Affen als Giraffen, Oetinger Verlag, Hamburg 2009; **S. 142/143** Uwe Klindworth: Milch kommt nicht aus der Tüte (gekürzt). Aus: Milch kommt aus der Tüte und Jeans wachsen auf Feldern, © 2010 Bibliographisches Institut/Sauerländer Verlag, Mannheim; **S. 150** Marliese Arold: Im Zauberwald. Aus: Erzählspiele für das dritte und vierte Schuljahr, Band 1, Verlag Ensslin & Laiblin, Reutlingen 1997; **S. 152–155** Heinz Janisch: Die Prinzessin auf dem Kürbis. Aus: Heinz Janisch (Hrsg.).: Märchen für mutige Mädchen, Boje Verlag, Köln 2008; **S. 156–158** Astrid Lindgren: Im Land der Dämmerung (gekürzt). Übersetzt von Karl Kurt Peters, mit Illustrationen von Marit Törnquist (S. 156–160), © Verlag Friedrich Oetinger, Hamburg 1995; **S. 162–165** James Thurber: Ein Mond für Leonore (gekürzt). Aus dem Amerikanischen von Giovanni und Ditte Bandini, illustriert von Philip Waechter, Sanssouci im Carl Hanser Verlag, München 2007; **S. 172/173** Umweltschutz – warum ist das wichtig? (gekürzt); Viktor, 10 Jahre. Aus: Beatrix Schnippenkoetter: Was siehst du, wenn du aus dem Fenster schaust? Illustriert von Antje Damm. Campus Verlag, Frankfurt/M. 2011; **S. 174** Harald Braem: Ich schenke dir diesen Baum. Aus: Hans-Joachim Gelberg (Hrsg.): Überall und neben dir, a. a. O.; **S. 175** Klaus Kordon: Biologie. Aus: Hans-Joachim Gelberg (Hrsg.): Überall und neben dir, a. a. O.; Eugen Gomringer: Der grüne Baum. Aus: Ute Simon/Renate Frank (Hrsg.): Mein Gedicht – Dein Gedicht, deutsch von Hans Magnus Enzensberger, Curio Verlag, Hamburg 1990; **S. 178/179** Der Regenwurm. Aus: Wolfgang de Haën/Franz Moisl: Wir entdecken Tiere, Ravensburger Buchverlag, Ravensburg; **S. 180** Erdbeben. Aus: Horst Bayrhuber (Hrsg.): Unsere Erde: Für Kinder, die die Welt verstehen werden. Kallmeyer Verlag, Seelze 2005; **S. 182–184** Isabella und Craig Hatkoff: Kleines Nilpferd, große Freundschaft. Übersetzt von Ilse Rothfuß, Sauerländer Verlag, Düsseldorf 2007; **S. 185** Nilpferd (2) liebt Schildkröte (130). Ap/HA www.abendblatt.de/vermischtes/article372366/Nilpferd-2-liebt-Schildkroete-130.html (Hamburger Abendblatt vom 30.12.2005); **S. 190/191** Gedichte. Aus: Grundschule Sprachen, Literarische Kleinformen, 12/2003, Friedrich Verlag, Seelze; Hashin: Nichts ist mehr zu sehn. Aus: Ute Simon/Renate Frank (Hrsg.): Mein Gedicht – Dein Gedicht, deutsch von Hans Magnus Enzensberger, Curio Verlag, Hamburg 1990; **S. 194/195** Das Märchen von den 12 Monaten (gekürzt). Aus: Susanne Stöcklin-Meier (Hrsg.): Von der Weisheit der Märchen, Kösel Verlag, München 2008; **S. 196** Günter Kunert: Auf der Schwelle des Hauses in den Dünen sitzen. Aus: Günter Kunert: Camera obscura, Carl Hanser Verlag, München 1978; **S. 198/199** Kirsten Boie: Nikolaustag (gekürzt). Aus: Weihnachten im Möwenweg, Oetinger Verlag, Hamburg, 2005; **S. 200/201** Habib Bektas: Sirin wünscht sich einen Weihnachtsbaum, Lesemaus-Geschichten (gekürzt), Oldenbourg Schulbuchverlag, München 1997; **S. 202** Die Ameise und die Grille. Nach: Jean de la Fontaine; Fredrik Vahle: Das Gewicht der Schneeflocke. Aus: Weihnachtsgrüße, Middelhauve Verlag, Köln 1995; **S. 204** Klaus Vellguth: Ostern im Kongo. Aus: Ostern in der weiten Welt, Herder Verlag, Freiburg 1999; **S. 206** Licht und Farben. Nach: Brenda Walpole: Experimente, Tipps und Tricks zum Verständnis der Natur, übersetzt von Marcus Würmli, Südwest Verlag, München 1988; Experiment. Aus: Bildung Umwelt, Ausgabe 4/2003; **S. 207** Gianni Rodari: Die Sonne und die Wolke. Aus: Das fabelhafte Telefon, übersetzt von Marianne Schneider, Wagenbach Verlag, Berlin 1997; Hans Manz: Ferien machen – eine Kunst. Aus: Die Welt der Wörter, © 1991 Beltz & Gelberg in der Verlagsgruppe Beltz, Weinheim & Basel; **S. 212** Hans Manz: Purer Unsinn. Aus: Die Welt der Wörter, a. a. O.; **S. 217** Der Löwe und die Maus. Nach Äsop.

Bildquellenverzeichnis

S. 38, 39: Sabine Köpp, Düsseldorf. **S. 52:** akg-images. **S. 65:** (1) Norstedts Förlagsgrupp, Stockholm; (2) Salier Verlag, Leipzig; (3) © 2008 Bastei Lübbe GmbH & Co. KG, Köln; (4) Verlag Carl Ueberreuter, Wien. **S. 74:** Helmtrud Keck, Hövelhof. **S. 76:** (1) vario images; (2) Peter Wirtz. **S. 78:** Lutz Laufer, Frankfurt/M. **S. 79:** ddp images/dapd. **S. 88:** vario images. **S. 92, 93:** Helmtrud Keck, Hövelhof. **S. 94:** Almut Jegodtka, München. **S. 98:** (1, 4) Bilderbuchmuseum Troisdorf. **S. 106:** (1, 2, 5) mauritius images; (3) Markus Kirchgessner/laif; (4) iStockphoto; (6) Interfoto. **S. 108:** (1) iStockphoto/Robas; (2) Bayerischer Rundfunk; (3) rbb media GmbH; (4) Westdeutscher Rundfunk, Köln; (5) Deutschlandradio, Köln. **S. 109:** (1) Spiegel-Verlag, Hamburg; (2) Gruner + Jahr; (3) Comma Publications, München. **S. 114:** (1–3) Kirsten Boie; (4) picture-alliance/dpa. **S. 120–123:** Bonnier Media Deutschland, arsEdition. **S. 123:** (1) PRILL Mediendesign/fotolia. **S. 134:** (1) WavebreakmediaMicro/fotolia; (2) Thomas Imo/photothek.net; (3) Johann Jilka, Altenstadt; (4) Thomas Koe/photothek.net; (5) F1online; (6) fotolia. **S. 136:** ddp/FPA. **S. 137:** bpk. **S. 138:** (1) bpk/RMN © Succession Picasso/VG Bild-Kunst, Bonn 2012; (2) akg-images/AP. **S. 141:** (1) Foto Deutsches Museum; (2) Rui Vale de Sousa/fotolia. **S. 144:** Andrea Torggler, Andechs. **S. 148/149:** Verlag Carl Ueberreuter, Wien. **S. 170/171:** Manfred Danegger/Okapia. **S. 176:** fotolia. **S. 177:** Detlef/fotolia. **S. 178:** Sarah Lund/iStockphoto. **S. 179:** John Shepherd/iStockphoto. **S. 180:** mautitius images. **S. 182:** ddp images. **S. 184:** AFP/Getty Images. **S. 194, 195:** ullstein bild/united archives. **S. 203:** akg-images/Nimatallah © Successió Miró/VG Bild-Kunst, Bonn 2012.

VG Bild-Kunst, Bonn 2012: **S. 138, 203.**

Illustration: S. 7, 17, 38, 86/87, 132/133, 140/141, 150, 152-155, 174/175, 198/199, 207 Gerda Raidt. **S. 58, 66** Hendrik Kranenberg

Trotz entsprechender Bemühungen ist es nicht in allen Fällen gelungen, den Rechtsinhaber ausfindig zu machen. Gegen Nachweis der Rechte zahlt der Verlag für die Abdruckerlaubnis die gesetzlich geschuldete Vergütung.